マンガでわかる
魔法のほめ方 PT《ペアレント トレーニング》

A Magic of Praising:
An Illustrated Guide to
Parent Training

横山浩之 著
Hiroyuki Yokoyama

明野みる マンガ
Illustration by Miru Akino

小学館

装幀／近田火日輝（fireworks.vc）
本文デザイン／宇都宮三鈴
DTP／山田大介

はじめに

ペアレントトレーニング（ＰＴ）は、さまざまな子どもの行動異常を修正するアメリカ生まれの手法です。ＵＣＬＡ（米国カリフォルニア大学ロサンゼルス校）でＦ．フランケル博士が創始し、マサチューセッツ医療センターのＲ．バークレー博士によって研究開発されたＡＤ／ＨＤ（注意欠陥多動性障害）がある子どものためのＰＴは、国立精神・神経センターの上林靖子先生などの先人によって日本に紹介されました。

本書のＰＴはＲ．バークレー先生からのアドバイスを受け、日本の国民性に合わせ、トレーニング内容や順序を大幅に変更しています。

例えば、ほめ言葉を１００個書いてみる練習（**Step7**）やほめ言葉をあてはめる練習（**Step8**）は、これまでのＰＴにないトレーニングです。

また、従来のＰＴでは減らしたい行動に対して用いられるＢＢＣチャート（**Step11**）も、ほめるための手段として扱われています。減らしたい行動への対応も、周囲への気配りができるように変更されています。

このような改良の結果、本書で紹介するＰＴは子どもの行動異常を改善するだけではなく、子ども集団（学級集団など）の行動も改善できることが統計学的に立証されました。

発達障害などによって行動異常がある子どもへの対応方法としてのＰＴから、全ての子どもたちの子育てに役立つ方法へと進化してきたともいえます。

自分自身の子育て経験の中で、ＰＴをうまく使えたと思っているのは、子どもが「努力したけれども」失敗してしまったときです。夏休みの研究や工作で、頑張っている子どもの傍で励まし続けたことが一番思い出に残っています。

努力せずに失敗したときに、「自分で償うこと」をほめ続けることも心がけていました。残念ながら、今では成人している二人の娘たちは、私にたっぷりほめられながら育ったという実感はないようですが……。

また、本書では、ＰＴの欠点を補うために**Ｓｔｅｐ15**「保育園・幼稚園・学校と家庭で協力して教えたいこと」（１４２ページ）の項目がはいっています。

ＰＴは、子どもの行動を分類して対応を考える手法なので、行動の分類が間違っていると、行動を悪化させてしまう場合があります。
例えば、「早寝・早起き」より、勉強やスポーツ少年団などの活動を重要視し、「遅寝・早起き」を子どもに強いると、学校での行動が悪化することが予測されます。
また、静かにしていてくれるからという理由で、保護者がゲーム三昧の生活を送らせている子どもも、最終的にはその行動が悪化することでしょう。増やしたい行動とは、保護者にとって楽な行動ではありません。
本書のＰＴが子育てや保育・教育に役立つことを願っています。

横山　浩之

<物語が始まる日の前夜…>

目次

マンガでわかる魔法のほめ方P《ペアレント》T《トレーニング》

叱らずに子どもを変える最強メソッド

登場キャラクターたちのプロフィール

柚月杏子（ゆづき・きょうこ）
30代、2児の母。昼間は食品メーカーに勤務。小さな怪獣のような娘と息子に、日々手を焼いている。夫は商社勤務で、毎晩帰宅が遅い。

洋介
杏子の息子。1才。やたらと明るく、素直な性格。何かと小心者ぶりを発揮し、1才にして場の空気を読むことに長けている。大器晩成型かも。

桃子
杏子の娘。4才。お絵描き等、好きな事への集中力は高く、独創的な才能を発揮するが、落ち着きのないタイプ。弟が生まれてからわがままがエスカレート。

綾瀬陽子（あやせ・ようこ）

30代、1児の母で、杏子のママ友。ＯＬを経て小学校教諭になり５年目。担任する学級の子どもたちを伸ばすため、毎日悪戦苦闘している。

正博

陽子のひとり息子。４才。何事もそつなくこなす幼児で、陽子に言わせると「うちの子は神童」。

陽子さんのクラスの子どもたち

キョウスケ

クラスで一番の問題児。ケンカが強い。

トロ子

マンガ家デビューを夢見る真面目な少女。

タケシ

スポーツが得意なキョウスケの親友。

エミ

成績優秀、スポーツ万能、学年で評判の美少女。

マルオ

ヘアスタイルがプチトマトだけど努力家。

謎の男・サトウ

正体不明のＰＴの達人。毎週日曜日、カフェで、杏子と陽子にペアレントトレーニングを教える。物語終盤で明かされるその正体とは？

ねたらかわいい…けど…疲れた…
ぐか～～

PART 1

ほめ方の魔法

P《ペアレント》T《トレーニング》

さっきのは「慣れ」でも「センス」でもありません
もちろん人間ができているわけでもありません
訓練で身につけた…
「ほめる技術」です
ほめる…
技術…!?

お先に失礼しま――す!!
仕事　少し長びいちゃった
がちゃ
がちゃ
桃子たちお腹すかせてるだろうし…大丈夫かな?
ギャース
動用証券
トーク
私、柚月杏子2児の母です!

杏子さ～ん！あなたもこの時間？
陽子さん！
やっぱり子どもが2人になると大変？
そうなのよ…下の子ができてから桃子のやつすっかりわがままになっちゃって…
まだまだだなあ！
私なんて36人の子持ちだぞ！
なーんてね！
ええ!?
…あ、そうか
ママ友の陽子さんは小学校の先生です
今日も一日戦争だったわ…

の子保育園
ガラッ
こんばんは——!!
遅くなってすみません
いーえ
桃子・4才
もくもく…
さあ洋介くんママですよー!
洋介——♡ ただいま——
あーあー
洋介・1才
よしよし!いい子にしてた?
あーっ

よし！
じゃあ帰ろうか！
桃ちゃんもおいで!!
……
ぷいっ
やだっ！
だって桃ちゃん
今、お絵かきして
るんだもん！
もくもく…
……
すみません…
桃子ったら…
はは…
いいえー
ダメ！
もう帰る時間だよ
グズグズしないで
帰るよ！
もうすぐご飯の
時間だし…
いやだったら！
ママのバカ！
桃ちゃん今
トンボさん描いてる
ところだから!!

ほら！桃ちゃん
ママの言うこと
聞こうよ！
・・・・・・
ママ――
お腹すいた
――！
しーっ
待ちなさい
ご・・・ごめんね
正博くん！
正博くんは
桃子と同じ4才
なのに・・・
ほらっ！
正博くんは
お支度も
できてるよ！
やだっ!!
ママの言うこと
聞きなさい!!
帰ると言ったら
帰るんです!!

いやだ
いやだ!!
お絵かき
したいんだあ!!
いいかげんに
しなさい!!
え…!?

叱っても無駄ですよ
え…あの…
あれ…？この人…どこかで…
おっ！ちょっと好みのタイプ！
ニコッ
ここは私に任せてもらえませんか？
あ…あの!!
ツカツカ…

おっ！トンボ上手だねえ！
ニコッ
ぱあぁ
とくに目が水色でキレイだなあ！
…うん！だってこれシオカラトンボだから！
へえ！シオカラトンボを知ってるの？すごいね!!

ぱぱーーっ
う…うん!!
もじもじ…
へへ…トンボのめがねはみずいろめがね〜♪なんだよ!
おお!その歌知ってるよ!
あ〜おいおそらをみてたから〜み〜てた〜から〜〜♪
な…何者?

…さお腹がすいたでしょ？
お絵かきはまた明日にしよう
にこっ
うん！
今日はもうおうちに帰ってお母さんとハンバーグをつくって食べようよ
す…すごーーい!!
あの…ありがとうございました
ずいぶん子どもの扱いに慣れていらっしゃるんですね！
私もあんな風にできたらいいんですけど、ついカッとなっちゃって…
人間ができてないからですよね…

さっきのは「慣れ」でも「センス」でもありません
もちろん人間ができているわけでもありません
訓練で身につけた…
「ほめる技術」です
ほめる…
技術…!?
さっきの桃子ちゃんはわがままを言い続けることでお母さんの注目を得ようとしていたんですよ
みてー
みてー
「ママ、こっちを見て! 桃子のことをもっとかまって!」ってね
!!

そういう行動をわれわれは「こっち見て行動」と言います
叱れば叱るほどエスカレートしますから…
原則として無視するのが正しいんです！
え――？無視!?
でも…桃子のことすごく相手にしていたように見えましたけど…
桃子ちゃんを無視するんじゃなくて行動を無視するんです
たしかに…桃子のわがままには何も言わずに
絵や歌についてほめてた……!!

お母さんだって ガミガミ叱って ばかりでは ストレスがたまる でしょう？
子どもは「ほめて伸ばす」のが 一番です！
……
こくり…
確かに……
「ほめる技術」か そんなものがある なんて知らなかった…
ほめるのがいいと わかってても、いつも…
子供は ほめて 育てる！
はいはい でもいつも いい親でき ないよ！
主婦は 忙しいん だから！
桃ちゃん!! 片づけな さーい!!
…って感じだったから
と言っても、上手に「ほめて伸ばす」ためには 正しい訓練が 必要ですけどね
そ…それって どんな訓練 なんですか？
その方法 とは…

ペアレントトレーニング
略して「PT」
PT……!!
おっと こんな時間だ、僕はそろそろ…
わ――!!ちょっと待って!!
あの!そのPTってどこで教えてもらえるんでしょうか?
う〜ん…専門の講座はまだ少ないし熟練したトレーナーに教わるのが一番なので…

じゃ あなたが教えてください!!
お礼はします！
杏子さんも一緒に！
ちょ…ちょっと陽子さん!!
私も一緒にってそんな急に…
え―――!? やらないの？
そりゃ…桃子が叱られてでも私の気をひきたかったなんて…
そんな寂しい思いをさせてたかと思うと胸は痛むけど…
あー
あー
ごそ
ごそ…
も～よっくん ひとつだけよ
じゃあ ものはためしでやってみようよ!!
私、小学校の教師なんですけど授業や学級づくりにそのPTが役立つ気がするんです！
もちろんPTは教師にとっても役に立ちますよ…でも
でも？

忙しいし
教えるの
面倒だなあ
…
コケーー
ん?
あーー
あーー
ま…まさか
それは…!!
わああ…
か…亀ドーナツ!!?
え?ああ…
亀の形にして
揚げただけですけど
子どもたちの大好物で…
あの…その…
じつは僕もそれ
大好物で…それ
食べさせてくれる
なら
教えても
いいです
もじもじ…
ぽかーん…
こんな手づくりの
ドーナツで
よければ
いくらでも…

ぱくり…
しーーん…
だーーっ
!!
!!
ぶるぶる…
やっぱりうまい！
なつかしい味だ!!
じとー…
わなわな…
あ…！
コホン
…きまりですね…
では日曜日の朝
三丁目のカフェ・ノダで
お待ちしています
あーー
この子もかわいいですね
将来　大物になりそうな
顔だ…

おっともう
行かなくちゃ！
それじゃあ
日曜日に！
だだだー
もう
行っちゃった・・・
変な人だった
なあ・・・
でもどうして
ハンバーグ♡
ハンバーグ
桃子の一番の
大好物が
ハンバーグだって
知ってたんだろ
う──

Step 1.

さあ、始める準備をしましょう

ペアレントトレーニング（ＰＴ）は、子どもを「ほめてしつける」ことによって、その行動を改善する方法です。この方法はとても簡単な理屈を使っています。

誰もが好きな人に注目されたい・かまわれたい

子どもは幼いので、かまってもらえれば得だと勘違いしています。たとえば、幼い子どもは、次のうちどちらを選ぶでしょうか。

作戦①　お母さんのお手伝いをして、ご褒美のお菓子をもらう（よいことをしてかまってもらう）。

作戦②　泣いて騒いで、お母さんからお菓子をうばいとる（悪いことをしてかまってもらう）。

いずれの場合も、かまってもらえ、お菓子をもらえます。幼い子どもなら、どちらが楽だと思うでしょうか。もちろん、努力しなくてすむ作戦②です。だから、大人である私たちも作戦をたてて対抗しましょう。子どもを「ほめてしつける」効果的な作戦がＰＴです。

まず、新しいノートと筆記用具を準備しましょう。後に触れますが、ＰＴではノートにあなた自身や子どもの行動を記録していき、次の機会に備えて、ほめ方を学んでいきます。ノートと筆記用具に加え、ＩＣレコーダーがあると便利です。自分が子どもに何を話したかを録音するためです。ＩＣレコーダーがあなたの行動を覚えていてくれるので、記憶をたどらなくても楽にノートに記録することができるでしょう。安価なＩＣレコーダーで十分使えます。携帯にそのような機能があれば、それでもＯＫです。ＩＣレコーダーは必需品と言っても良いでしょう。

他に必要なものとして、「あなたの時間」があります。ノートの記録をとったり、よりよい行動を思いついたりするには、けっこう時間がかかります。毎日15分とか、3日に1回だけど30分とか、時間を決めて取り組みましょう。

宣誓　私の時間から［　　　］をペアレントトレーニング（ＰＴ）に使います。

あなたの協力者を探す努力もしましょう。協力者がいると、ＰＴという訓練で身につける「ほめる技術」をうまく学ぶことができます。ＰＴを一緒に頑張ってくれる仲間を見つけましょう。あなたの連れ合いや子どもの学校（幼稚園・保育園）の先生が協力してくれるかもしれません。子どもに年が離れたお兄さんやお姉さんがいるなら、協力してくれるかもしれません。

ＰＴはアメリカ生まれですが、この本で学ぶＰＴは日本にあわせて改良してあるので、兄弟や学級のような子ども集団に対しても有効です。この改良型ＰＴにより、対象としている子どもだけではなく、その子どもが所属している集団の行動も改善できる、という研究結果が出ています。

桃子のトンボ好きはパパの影響(?)です
トンボ採集旅行in沖縄
パパ〜海に行きたいよ〜
桃ちゃん!ほら!ベニトンボだよ!

PART 2

PTの基本理論

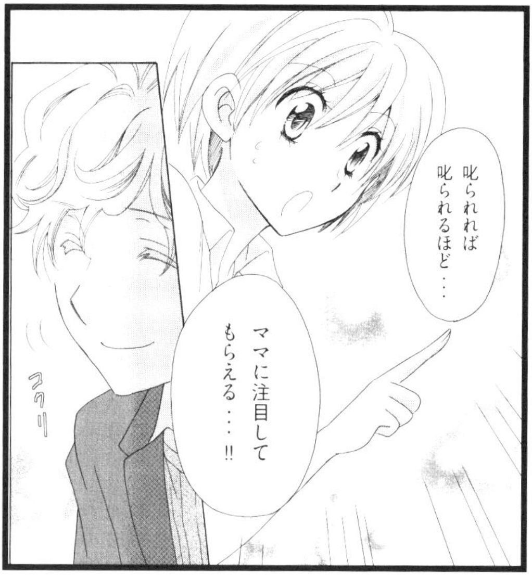
叱られれば
叱られるほど・・・
ママに注目して
もらえる・・・!!
コクリ

やっとの思いで桃子と洋介をお母さんに預けてきたけど・・・
はあはあ
やだやだー！ママと一緒に行きたいーー!!
ジタバタ
き・・・気のせいか洋介の目が私を憐れんでいるようだったよ・・・
たのむよPT・・・
ガチャ
お・・・遅れて申し訳ありま・・・

ビタ
ガタッ
だ・・・
大丈夫ですか？
・・・え・・・ええ
ちょっと転んだ
だけですから・・・
亀ドーナツは
つぶれてませんか？
・・・・・・
人間は誰もが
注目を得たいと
思っています
さっきみたいな注目は
イヤだけどね・・・

よいことをしている子にはよいことが起き
悪いことをしている子には起きない
というのがペアレントトレーニング（PT）の原則です
そしてこの場合のよいこととは…
他人から注目されること！
たとえば　お友達と話していて　その人が自慢話しかしない場面を想像してみてください
うちの子の英語の発音がすばらしくって〜
やっぱりネイティブの…
ホホホ
ベチャクチャベチャ
ほわわ〜ん…
明らかに注目を浴びたくて仕方がない人ですが…ちょっと困りますよね？お２人ならどうします？
わざと窓の外とか見ちゃうかも…
私トイレに行っちゃうわ！

そう！
無視して
自分の
ペースで行動
しますよね！
そうすれば
自慢話は
止まります！
なるほど——
確かに!!
子どもの問題行動に
ついても同じです
あえて注目を与えない
ようにするのです
ここまでの話を
整理すると・・・
よいことをすると
注目をあびる（相手をしてもらえる）
悪いことをすると
注目をあびない（相手をしてもらえない）
お母さんに相手を
してもらえるのは
ごほうびなんです
ちょっと考えると
逆のような
気がします
よね
私、クラスの子が
悪いことをした
ときほど　今
きちんと指導
しなきゃって
頑張ってました
・・・
ギャーギャー
こら～
叱ることで与える注目が
行動をさらに悪化
させる場合もあるの
です

柚月さん・・・
保育園から帰ろうとしない桃子ちゃんをつい叱ってしまう気持ちはわかります
でも桃子ちゃんからみれば・・・？
・・・・・・
ハッ
叱られれば叱られるほど・・・
ママに注目してもらえる・・・!!
コクリ

桃子ちゃんのわがままは下の息子さんができてから　ひどくなったんじゃないですか？
ドキン
そういえば・・・今朝も・・・
だめ――これは桃ちゃんの――!!
あ
よっくんは使っちゃダメ――!!
だめだってば!!
ドサッ
ドン
ぎゃあああ
桃ちゃん！何やってるの!!
ギャアー

よしよし
かわいそうに
桃ちゃん!!
ダメでしょ!!
…だって…
このぬいぐるみは…
桃ちゃんのだもん…
ママなんて…
ママなんて…
大嫌い!!
わああ

わぁあ・・・
わぁああん
も――――！
いいかげんに
しなさい!!
桃ちゃんはきっと
ママを洋介くんに
とられてしまった
気がして
寂しかったんじゃ
ないでしょうか・・・
・・・・・・
桃子・・・

桃ちゃんをもっとほめてあげましょう
PTの基本は
子どもをほめて導くことです
子どもを…ほめて導くこと…

…はい！
頑張ります！

くかー…
さて…と…
あ…サトウさんからメールだ
カチカチ
カチ
サトウ
次回までの宿題
子どもの行動と
自分がどう行動したかを
記録してください。
増やしたい行動はほめます
行動の記録…かあ…

減らしたい行動は原則として無視します
次回からはほめるための具体的なテクニックを練習していきましょう！
サトウさん・・・か
鋭い人だったなあ・・・
桃子と洋介のことなんでもわかっちゃうんだもん・・・
亀ドーナツやっぱ最高っす！
バクバク
こそこそ・・・
やっぱり好みのタイプだわあ・・・
サトウさんって独身なんですかあ？
くすくす
亀ドーナツってわが家だけの伝統だと思ってたけど・・・
案外メジャーなのかな？
か・か・か・か
かめドーナツ♪
甘くてふんわり♪
かめドーナツ

「洋介くんに　ママを
とられてしまった気がして・・・」
・・・あれ？
私　あの人に洋介の名前
教えたっけ・・・？
・・・・・・
ガチャ
ガチャ
あっ　パパが
帰ってきた！
おかえり――
教わってきたよ！
例の・・・
え？
ああ！
ＰＴＡだっけ？
・・・違う
ＰＴよ
ＰＴ！
へ――！
よさそうじゃ
ない！ＰＴ
俺にも
教えてよ
うん！次回は
実践テクを
教わる予定！
うん！

・・・大事な
宝物たち・・・
ママ・・・
頑張るから
ね・・・

Step 2.

あなたの行動パターンを変えましょう

誰もが注目されたいと思っています。

例えば子どもの誕生日に、子どもの好きなメニューを作って、「やった〜！」と言われると嬉しいですよね。また、美容室に行って、きれいになってきた当日に、誰も気がついてくれないと寂しいですよね。

人は誰しも、このように自分の行動が注目されると、嬉しく感じます。逆に反応がないと、寂しく感じます。

だからこそ、マンガに出てきたように、「友だちの子ども自慢」に相手をしない（注目を与えない）でいれば、自慢話は終わるのです。子どもにも同じように対応しましょう。

（例）よいことをして注目をあびる：兄弟と仲良く遊ぶ
　　悪いことをして注目をあびる：兄弟げんかをする

あなたは、どちらの場合に子どもに注目し、相手をしてしまいますか。そうですね、兄弟げんかです。お母さんが恋しい子どもは、あなたの注目を得るため、わざとケンカをすることもあります。そこで発想を転換し、仲良く遊んでいれば、お母さんも加わってくれることを、子どもに理解させましょう。忙しい私たちは、ともすると子どもに目をかけてあげることを忘れ、「叱る」という形で相手をしがちです。叱ってばかりの人のいうことを、子どもは聞きたがりません。

よいことをすると、注目をあびる（相手をしてもらえる）

逆に言うと、悪いことをすると、注目をあびない（相手をしてもらえない）

ちょっと考えると逆のようです。悪いことをしたときこそ、「注意し、指導をして、子どもの行動を直さなければ！」と私たちは考えがちです。ところが、そのことが子どもの悪い行動を助長することもあるのです。

【練習】美里ちゃん（あなたの子ども）が、麻由子ちゃんに、「おまえなんか、いじめてやる！」とさわいでいたのを、あなたが耳にしたとします。二人はいつもなら仲良く遊んでいるのに。

これまでのあなたなら、「美里ちゃん、そんなことを言ってはいけません！」とか、直ちに叱っていたことでしょう。でも、これからは違います。

あなたはどうしたらいいのですか？

あなたの出番はいつですか？

出番が来てから、あなたが行なうべきことは、どんなことですか？

《ヒント》誰が一番困っているのですか？　誰がふさわしい行動をしているのですか？

大切なのは、あなたが意識して行動することです。良いことをしていると、あなたに相手をしてもらえることを教えましょう。

Step 3.

子どもの行動をノートに記録してみましょう

❶ あなたの子どもの行動を、ノートに記録しておきましょう。ICレコーダーを使うと便利です。

❷ 子どもの行動はあなたがしてほしい行動ですか？　それとも、してほしくない行動ですか？

★ あなたがしてほしい行動なら、あなたの出番です。たくさん相手をしてあげましょう。

★ あなたがしてほしくない行動なら、出番はありません。あなたは我慢をするときです。

★ 絶対に許せない行動（大ケガをしそうな行動、命に関わる危険な行動）なら、すぐに止めましょう。

❸ 何が起きたのか、ノートに書いておきましょう。

★ 最後にどうなりましたか。　★ お子さんはうれしそうでしたか。

★ あなたはどんな気分でしたか。

子どもの相手をすることを喜べるようになりましょう。

子どもに良い注目をあびることを教えるほど、子どもの行動は良くなっていきます。

ノートの書き方(例)

日付	子どもの行動	あなたの行動
4/12	美里が麻由子とおままごとをして仲良く遊んでいる。美里が麻由子は赤ちゃん役といっている。麻由子がいやがっている。	美里に、麻由子がいやがっているよと言う。
	美里が、「麻由子がお姉ちゃんの言うことを聞かないのは良くない」と怒ってしまう。麻由子が「お姉ちゃんばっかりずるい」と泣いてしまう。	美里に、麻由子がいやがっているよと言う。美里に、麻由子がいやがっているから、たまにはお母さん役をさせてあげたらと言う。美里に、「麻由子を泣かせて駄目じゃない」と叱る。
4/14	美里が麻由子とおままごとをして仲良く遊んでいる。	声をかけて一緒に遊ぶ。
	美里が麻由子は赤ちゃん役だと言っている。麻由子はいやがっている。	麻由子に、何の役をしたいのか聞いてみる。
	麻由子が「たまにはお母さん役をしたい」という。美里が、「じゃあ、美里がお父さんになる」という。	(美里に)「譲ってあげられて偉いね」と話しかけ、「じゃあ、ママが赤ちゃんになるね」と麻由子の膝の上に寝てみる。
	麻由子が「重い。お姉ちゃん助けて」という。美里「お父さんだよ」と笑う。	にこにこ笑ってみせる。

Step 4.

良い書き方を覚えましょう

子どもの行動をノートに記録するのは、後で読み返して、より良い対応をみつけるためです。

より良い対応を考えていくためには、どんなことが起きていたのかを具体的に知る必要があります。つまり、できるだけ詳しく、ノートに書きとめていくことが必要になります。

心理学者のエビングハウスの調査によれば、私たちは、1日たつと50%ぐらいのことを忘れてしまっています。1週間たつと80%以上忘れています。

子どもとのやりとりも、覚えているようで覚えていないものです。だからノートに記録するのです。1年後に読んでも、何が起きていたかがわかるように、記録していきましょう。

具体的には、あなたやあなたの子どものことを知らない人が、ノートの「子どもの行動」「あなたの行動」を読んで演じた場合に、かなり正確に再現できるように書けばいいのです。

誰かに協力してもらい、ノートを読んでもらって、試してみるといいでしょう。協力してもらった方に子ども役を演じてもらい、実際に起きたことが再現できたら、合格です。もしも違っていたら、書き方を工夫する必要があります。

書き方を工夫するためには、5W1Hが役立ちます。

5W1Hを書き込みましょう。

Who　だれが
Where　どこで
When　いつ
What　なにを
Why　なぜ
How　どのように

「気に入らないことがあって、パニックを起こした」では、何が起きたのかわかりません。「Aくんが教室で、休み時間に、Bくんに『鬼ごっこしよう』と言ったら、Bくんがいやだと返事をしていなくなってしまった。そこでAくんは、怒ってBくんの机の上に立ち、『Bくんなんか嫌いだ』と騒いだ」という風に、具体的に記録しましょう。

Step 5.

子どもの行動を3つに分類しましょう

Step2で私たちは、次のことを学んできました。

よいことをした子どもに、注目を与える（相手をしてあげる）

逆に言うと、悪いことをした子どもには、注目を与えません（相手をしてあげません）。

これらの原則を、あなたはもう行動に移していることでしょう。これだけでもたいへん大きな進歩です。そして、子どもの行動の記録も始めていることでしょう。

ここで、記録した子どもの行動を大きく3つに分けてみましょう。

（子どもの行動）	（あなたの対応）
増やしたい行動	ほめる・相手をする
減らしたい行動	相手をしない（無視する）
絶対に許せない行動	すぐに止める

絶対に許せない行動とは、放置すると大きなケガをするような、とりかえしがつかない行動だけです。「兄弟でケンカをしている」のは、ほとんどの場合、絶対に許せない行動ではありません。

PTを長く続け、熟練していけば、その基準をだんだん厳しくしていけることでしょう。初心者のうちは、「絶対に許せない行動」を周囲の方々と相談しながら決定していくとよいでしょう。

あなたにとって「絶対に許せない行動」であっても、第三者からみると、「減らしたい行動」だと思える場合も少なからずあります。グループワークで学ぶときには、「絶対に許せない行動」の判定基準は、全員一致のルールにとりあえず従いましょう。

子どもの行動を3つに分けることを覚えたら、最初にしてみることは、ノートの記録から増やしたい行動を探してみることです。次のステップに進む前に、この作業をしておきましょう。

Dr.横山のアドバイス

ペアレントトレーニング（PT）がうまくいくと・・・

PTをうまく活用できている人はほめ上手になり、子どもに良い行動を促すことが、どんどん上手になっていきます。結果として、子どもの「絶対に許せない行動」が減っていきます。

一方、PTをうまく活用できていない人は、子どもに良い行動を促しても、子どもが反抗し、「絶対に許せない行動」をすることが増えます。「絶対に許せない行動」が多いと感じる場合には、自分の行動をふりかえることが早道のように思えます。まず、「ほめる」ことを覚えましょう。

「増やしたい行動をほめる」という方針の大切さは、もう理解できますね。ただ、中にはうちの子には増やしたい行動なんて「ない」と考える方もいるでしょう。「うちの子は何にもできない」とおっしゃる保護者も現実にいます。
このような場合、増やしたい行動は本当に無いのでしょうか。そうではありません。あなたが見つけることができていないだけです。どんな子どもにとっても、何かをやり遂げることは至難の業です。途中で飽きてしまったり、投げ出したりすることも多いでしょう。だからこそ飽きてしまう前、投げ出してしまう前に、上手にほめてあげるのです。次の例題から、ほめることが出来るポイントを探してみましょう

Step 6.

ほめるタイミングを覚えましょう

(例題1) 麻由子ちゃんは、お母さんに、服を着替えるように言われました。服を着ようとしたときに、途中で飽きてしまいました。服を半分着たまま、テレビを見ようとしています。
(例題2) 麻由子ちゃんは、学校に行こうとしています。筆入れを机の上に忘れたままです。靴を履きましたが、左右が逆になっています。

（例題3）麻由子ちゃんは、お姉ちゃんと遊ぼうとしています。美里お姉ちゃんとトランプで遊びはじめましたが、自分が負けそうになると、ルールを破って、じぶんだけが勝つようにズルをしています。ズルをしようとしているのが、バレバレです。美里お姉ちゃんは怒っています。

それぞれの例題について、増やしたい行動はありますか？　あるとしたら、どの部分でしょうか？　探してみましょう。（正解例は次ページ）

「プロセス（過程）をほめる」ことを覚えると、増やしたい行動を見つけられるようになります。

①増やしたい行動をしているとき
②実際には、増やしたい行動にはならなかったけれど、増やしたい行動をしようとしたとき
③指示に従おうとしているとき
④指示にすぐに従っているとき
⑤自分から自発的にやり始めたとき
⑥他の子どもと上手に遊んだり、いっしょに譲りあったりしているとき
⑦減らしたい行動ではないことをしているとき

まとめると、［　　　］しているとき（正解は次ページ）

（正解例）

（例題1）麻由子ちゃんは、お母さんに、服を着替えるように言われました。服を着ようとしたときに、途中であきてしまいました。服を半分着たまま、テレビを見ようとしています。

すぐに従いました

半分まで着ました

（例題2）麻由子ちゃんは、学校に行こうとしています。筆入れを机の上に忘れたままです。靴を履きましたが、左右が逆になっています。

やり始めました

準備はしました

自分から行こうとしています

（例題3）麻由子ちゃんは、お姉ちゃんと遊ぼうとしています。美里お姉ちゃんとトランプで遊びはじめましたが、自分が負けそうになると、ルールを破って、じぶんだけが勝つようにズルをしています。ズルをしようとしているのが、バレバレです。美里お姉ちゃんは怒っています。

好ましい行動をしています

自分から始めています

バレバレなら注意できます

ルールがわかっています

これらをまとめると、**「努力」**しているとき

Dr.横山のアドバイス

自閉症スペクトル（自閉症、アスペルガー症候群など）の子どもへの対応

自閉症スペクトルの子どもたちは、対人関係やコミュニケーションの質的な障害を抱えています。例えば彼らは、場の雰囲気を感じ取って行動を変えることが苦手です。よって「ステップ5　子どもの行動を3つに分類しましょう」で学んだ「減らしたい行動」に対し、「相手をしない」作戦が通用しない場合が多いのです。彼らに対しては、次のようにルールを変更しましょう。

（子どもの行動）	（あなたの対応）
増やしたい行動	ほめる・相手をする
減らしたい行動	してみせて、真似させる
絶対に許せない行動	すぐに止める（クールダウン）

してみせることは、とてもよい構造化です。動く絵カードだと思うとよいでしょう。してみせて、真似させることを何回も続けましょう。真似ができたら十分にほめてあげましょう。

真似ができることは学習の第一歩です。習慣化するまで、教え続けましょう。教え続けることがとても大切です。ステップ11で学ぶBBCチャートを利用するのも、とても効果的です。

（Step2 陽子さんの失敗例）

どんっ
お前 うざい！ あっち行け!!
こらっ まーくん！ 桃ちゃんに 謝りなさい！
やだね～ べろべろば～!!
ブチッ
まーくん！ おしりぺんぺん!!
きなさい！
ダダダ
ゴン
ぎゃおーーっ
あわわ…
ごめんね 桃ちゃん

（サトウ先生による望ましい対応）

どんっ
お前 うざい！ あっち行け!!
ひょい
！
桃ちゃん いつも一緒に 遊んでくれて ありがとう！
…
…も 桃ちゃん パズルしよっか …
そうだね！仲良く できて2人ともえらい ね！ みんなで一緒に 遊ぼうよ！

PART 3

PTの実践トレーニング

そう極意は・・・
「プロセス」をほめることです!
記録しながらほめ続けタイミングをつかんでください

…
…
バク
バクバク
ふぁて（さて）
ぴろく（記録）は
ひちんと（きちんと）とってきましたか？
いきなり食べてるし…

記録をとるときに大切なことは……
①5W1H（いつ、どこで、誰が、何を、なぜ、どうしたか）を
②時系列に沿って
③できるだけ具体的に書く
ふむふむ
PTでは記録した子どもの行動を3つに分類します
①増やしたい行動
②減らしたい行動
③絶対に許せない行動
それぞれの行動への対応は左の通り
①増やしたい行動
→ほめる
②減らしたい行動
→相手をしない（無視）
③絶対に許せない行動
→すぐに止める
③の絶対に許せない行動とは、放置すると大きなケガをしたりさせたりする行動です

クラスの子どもたちのケンカとか？
いえ、それは場合によります
ケンカって子どもたちが「失敗から学ぶ」大切なチャンスですからね
う～ん でも うちのクラス 許せない行動が すっごく多い気が するんですけど・・・
そろばんでスケートしない!!
給食の盗み食いをしない!!
ズズ～
それは 上手に ほめることが できていない 証拠です!!
グサ

上手にたくさん
ほめることで
「増やしたい行動」を
増やせば
「減らしたい行動」
「許せない行動」は
自然と減っていくから
です
・・・とまでは
断言しませんが
謙虚にそう
考えるほうが
いいかも・・・です
子育てがうまく
いかない場合は
まず　自分の行動を
ふりかえる・・・
これ　けっこう
大切な　ポイント
です
しゅん・・・

では いつ どうほめるかの練習に移りましょう!
宿題にしておいた「麻由子ちゃんとお母さんの例題」(58ページ本文参照)の正答例をみてみましょう
<例題1>
<ほめることができるポイント>
①服を着ようとしたとき、すぐに従ったこと
②服を半分まで着られたこと
<例題2>
<ほめることができるポイント>
①自分から学校に行こうとしたこと
②筆入れを準備したこと
③靴をはこうとしたこと
<例題3>
サッ
しししし…
<ほめることができるポイント>
①自分から遊び始めたこと
②お姉ちゃんと一緒に遊んでいること
③ルールを理解していること
④ズルを隠そうとしていないこと
上級者なら、もっと探せます
私、例題2の「筆入れを準備したこと」を見落としてた・・・
例題3の「ルールを理解していること」をほめるとか「ズルを隠そうとしていないこと」をほめるとか・・・
ハイレベルよねー
たった これだけの行動にも ほめるポイントがこんなにあるんだ・・・
もっと頑張ってほめなきゃね

そう極意は・・・
「プロセス」をほめることです！
記録しながらほめ続けタイミングをつかんでください
そのタイミングとは・・・
①増やしたい行動をしているとき
②増やしたい行動をしようとしているとき
③指示に従おうとしているとき
④指示にすぐ従っているとき
⑤自発的に行動するとき
⑥他の子どもと上手に遊んだり譲り合ったりしているとき
⑦減らしたい行動でないことをしているとき
これらをまとめて一言で言うと・・・？
え…と
う…ん
あ・・・

子どもが努力しているとき！
フッ…
その通り！
わっ

さて　次は　ほめ言葉を増やす特訓です　この表（96ページ本文参照）に、ほめ言葉を50個書き出してみてください。制限時間は15分です
1. 2. 3. 4. 5. 6. 7. 8. 9. 10. 11. 12. 13. 14. 15. 16. 17. 18. 19. 20. 21. 22. 23. 24. 25. 26. 27. 28. 29. 30. 31. 32. 33. 34. 35. 36. 37. 38. 39. 40. 41. 42.
50個――!?　ほめ言葉なんて　そんなに・・・
ほらほら　時間がなくなりますよ！
5分後
う～ん…
21個あたりでもう苦しい・・・だんだん同じような言葉ばっかりになってきた
私なんて13個でつまずいちゃって・・・

本当…
あらためて言われると
ほめるのって
一言二言で
終わらせてて…

まったくできて
なかったんだ…

小言は
すらすら
でてくるのに…

すごいね
えらいね
どーして
そうなの！
前もそう
したでしょ!?
何度
言わせるの!!
あーだ
こーだ
うう〜ん
ぷしゅ〜
わーっ
マスター
水か冷たい
ドリンク——!!
15分後
…なんとか
50個埋まり
ましたね
トントン
トン…

…さて　今
どんな気分
ですか？
…大変だった
けど…
そして　似たような
言葉をたくさん
書いちゃったけど…
なんだか
心が…
温かくなり
ました…

ちなみに忘れがちなのが「感謝を示す言葉」
お手伝いをさせた後の「ありがとう」「助かったよ」などがそれですね！
「素敵です」「お嬢様みたい！」などの「憧れを示す言葉」もなかなか出てこないほめ言葉です
なるほど――
もちろんほめるときの表情も　とても重要ですよ！
基本は…
①にこやかな表情で
②相手の目を見ながらやさしい視線で
③朗らかで穏やかな口調で
④タイミングよく温かな言葉がけで
にこやかー
にこやかー
どう――？
どう――？
あははは
あははは

…でも私も陽子さんを笑えないわ…
仕事に家事に保育園の行事で
疲れちゃっていつのまにかこわ──い顔に…
はは…
……
…実はねほめ言葉がなかなか出てこないお母さんにおすすめの裏ワザもあるんです
えっ⁉教えて教えて‼裏ワザ大好き‼
子どもの行動をニコニコしながらそのまま表現するんです
たとえば
ノートを出せたね！
おはようございます！
あいさつができたね！
姿勢がいいね！
とか…使いすぎると効果がなくなるんですけどね
いえ！早速全開で使わせていただきます‼

あの…
次回から
亀ドーナツ
もっと 持ってきて
もらえます?
え――――!?
今日 10個も
食べたじゃない!!
それでは
再来週の日曜日に…
宿題はメールで
ご連絡します
ありがとう
ございました!!
トントン
え!?
マスター
このパン3個
テイクアウト
で…

ガチャッ
たたっ
きょろ
きょろ
またた…
もういない――
トン
トン
杏子さん!?
どうしたの――?
くすっ
不思議だな…
風みたいな人――
ザァ

ドサッ
ゴロ
さあ！今日はグラタンハンバーグに亀ドーナツ！大好きなものばっかりだよ！
わーーーい!!
待っててねーー♡
よーーし！PT講座も受けて　一皮むけた気分!!
育児もうまくいきそうな気がする!!
たまには手のこんだ料理を作って
2人を喜ばせてあげよう!!
♪
ジュ
ジュ

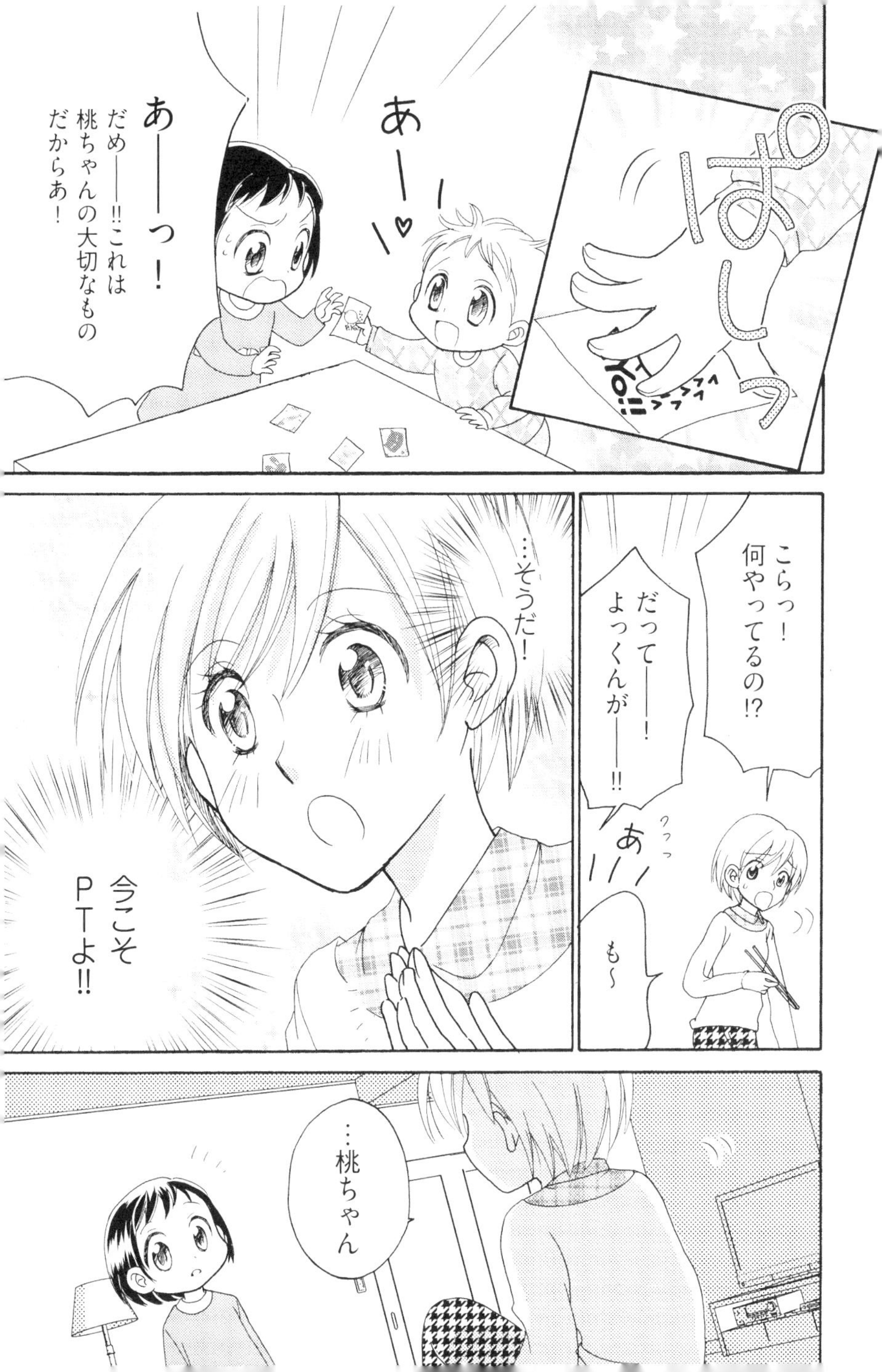
ぱしっ
あー
あーーっ！
だめーー!!これは桃ちゃんの大切なものだからあ！
こらっ！何やってるの!?
だってーー！よっくんがーー!!
あ
も～
…そうだ！
今こそPTよ!!
…桃ちゃん

桃ちゃん
よっくんに
シールを貸して
あげてくれる?
ふふふ…
どう? 桃子
ママはいつもの
ママと違うわよ!
……
PiYo!
にこっ
!!
スッ
よし!
ほめるのは今ね!
えらいぞ!
桃ちゃん!
さすが
お姉ちゃん!!

ぐちゃっ
あー♡
!!
ぐくっ…
はひ…はひ…
お姉ちゃんじゃない!
桃ちゃんも赤ちゃんがいい!!
ん…?あれ…?
桃ちゃん?

ええ――?
あれ――!?
これは
桃ちゃんの!!
ドドドド
ゴン
ギャアア
よっくん
大丈夫!?
ギャアアア
……
なんで――!?
ちゃんと
ほめたのに!!
桃ちゃん!
よっくんはまだ赤ちゃん
だから乱暴したら
だめよ!
ぷ〜ん
ん?
こげくさい?
ぐろぐろ〜
あ――!!
亀ドーナツが!

あーー
どうしよう
忘れてた～
ギャ
ギャ
ーン
え～？
亀ドーナッ
は？
もう食べられ
ないよ！
真っ黒だもん!!
ギャ
ギャ
ギャ
ーン
やだ…
わあああ…
やだ!!
やだやだ
いやだ
ーー!!

いやなのはこっちだよ!!
どうしていつもいつもママを困らせるの？
えっ!?
困らせてないよ～桃ちゃん…
困らせてるの!!
!!
…渡したじゃない…
桃ちゃん…渡したよ…
よっくんに…シール…渡したのに…どうして…？

わああ
ママ～!!
ボカ
ボカ
ボカ
ママ～
ママ――!!
わあ
わあああん
もう!!
いいかげんに
しなさい!!
わああ

PiPi
パパ
今夜も遅くなる
夕飯いらない
明日も早いから
先寝てて
……
ふぅ…
…9時過ぎ…
サトウ先生
090-xxxx-xxxx
ちょっと遅いかな…
……
ぴっ
3回だけ…
3コールで出なかったら…
切るから…!!

トゥルル…
はい
どうしました?
柚月さん?
何だろう…
あ…すみません…
い…今
少しだけ…
相談にのって
もらって
いいですか?
サトウ先生の
声を聞いたら…
遅くに…
ごめんなさい…
ほっとした…
ポロ
ポロ…

では
課外授業ですね…
皮肉と…
比較…
今回は特別に
亀ドーナツなしで
お教えしましょう
ガクッ
ま…まだ
食い足りんのかい!!
子どもを
ほめるとき　避けたほうが
いい表現があります
それは
皮肉と
比較
です
「さすがお姉ちゃんだね!」
というほめ言葉は
諸刃の剣なんです
大好きなママのために
我慢してシールを
渡した桃子ちゃん…

そう言われたとき
どんな気持ち
だったでしょうか？
あの時…
渡したら…
大切なものを
壊されると
わかっていた
桃子…
それでも渡したのは…
「よっくんに
シールを貸して
あげてくれる？」
大好きな
ママに…
ほめてもらいたかった
から…

なのに私は…
「さすがお姉ちゃん!!」
「困らせてないよ…」
「桃ちゃん…渡したじゃない…」
どんなに…悲しかっただろう…
私って…ダメな母親だなあ…
そんなことありませんよ!
あなたは立派な母親です!
子どものことで悩んだり苦しんだり…
子どもを愛している証拠です!!

泣いた分
悩んだ分
桃子ちゃんを ほめてあげるのと 同じくらい
自分もほめて あげてください
カラン…!!
……
ごしごし…
サトウさん…
…ありがとうございます
でも私 やっぱりダメな母親なんですよ
正直 PTを知ったとき こんなことやれないって思いました
忙しいのに子どもにいい顔ばっかりできない!!…って…
でも少しでも育児が思い通りになるならって…
自分のことばかり考えていたんです…

でも…
今は違うんです…
私 ほめ言葉を50個書き出したとき 心が温かくなりました
だから…
あの子の心も…そんな温かい言葉で
あふれさせてあげたいって…

…そうですね
僕もお手伝いします
一緒に頑張りましょう
…はい
ありがとうございます

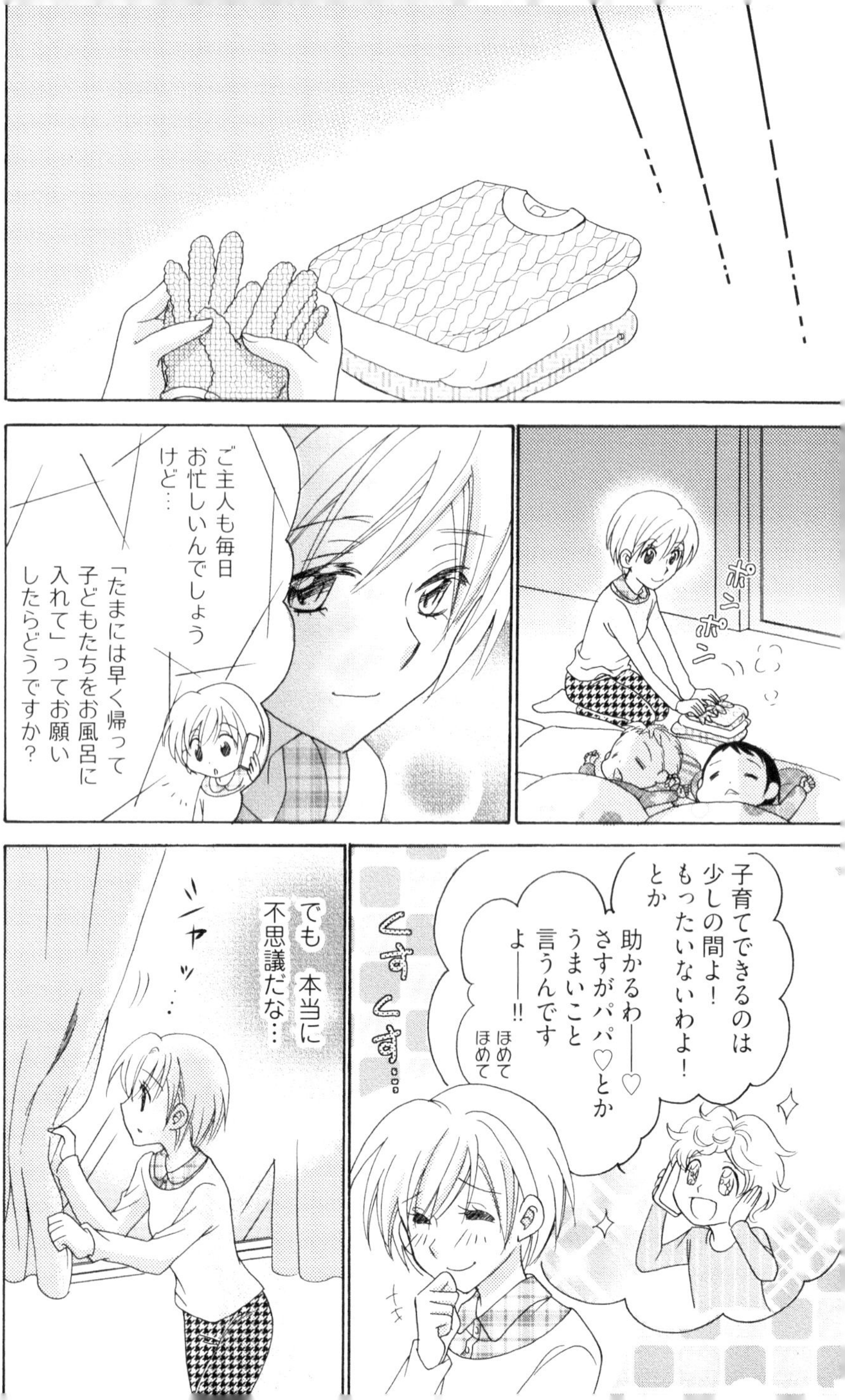
ポンポン
ご主人も毎日お忙しいんでしょうけど…
「たまには早く帰って子どもたちをお風呂に入れて」ってお願いしたらどうですか?
子育てできるのは少しの間よ!もったいないわよ!とか
助かるわ――♡さすがパパ♡とかうまいこと言うんですよ――!!
ほめてほめて
くすくす…
でも本当に不思議だな…
シャッ…

サトウさん…
まるで
私の心の中を…
透視してる
みたい…
超能力者？
ぶるぶる…
…んな
アホな！

Step 7.

ほめ言葉を増やしましょう

ほめ言葉を増やす練習を始めましょう。ほめことばを100個、思いつくままに書き出してみます。我こそはと思う方は200個にチャレンジしましょう。

下のような表（マンガの中にも見本があります）を作って書いていきます。

数字の横に、ほめ言葉を書いていきましょう。空いているマスは後で使います。最初は、何も見ずに頑張ってみましょう。マンガの主人公は、15分で50個書き上げる課題に挑戦していますが、現実にはかなり難しいレベルです。初心者であれば、10分で30個かけたら、多く書けたと自信を持っていいでしょう。

なかなか書けなくなってきたら、国語辞典で調べながら書いていきましょう。辞典を巻頭からめくって、ほめ言葉に使える言葉を探して書き抜いていきます。

協力者と一緒に話し合いながら書き出すのもいい方法です。このステップはとても大変ですが、非常に大切です。頑張ってください。

この欄に書く

1.　すごいね！		2.		3.	
4.		5.		6.	
7.		8.		9.	

やってみた方は、なかなかほめ言葉を思いつかず、さぞや苦労されたことだろうと思います。これは、あなたが「ほめる」のが苦手というよりも、日本の文化の特性だと思います。日本では人前で自分の子どもをほめることが「はしたない」とされてきたからです。

一方、人前でほめることが当たり前の欧米には、たくさんの種類のほめ言葉があります。クラシックコンサートでのほめ言葉は、「ブラボー!」ですが、英語圏では他にも多くの言葉が使われます。

さて、100個書けたなら、次は使い道を考えましょう。下表の1~4の場合に、どのほめ言葉が使いやすいかを考え、右ページの表の空欄に書き込みましょう。感覚で決めてかまいません。1A、1Bにわけてありますが、どちらの状況でも使える場合は1と書きます。

この作業も大変ですが、あなたがほめ上手になるために重要なステップです。頑張ってください。

1．課題を指示してやり始めるまで	
1A: 快くやり始めようとしている	1B: いやいや始めようとしている
2．課題をやり始めたとき	
2A: 快くやり始めた	2B: いやいややり始めた
3．課題をやっているとき	
3A: うまくやっている	3B: うまくやっていたが、くじけそう
3C: 最初からいやいややっている	3D: やっているが間違っている
4．課題が終了したとき	
4A: 心地よく終了した	4B: 終了したが、ふてくされている

Step 8.

ほめ言葉をあてはめてみましょう

Step6でプロセスをほめることを勉強しました。

① 増やしたい行動をしているとき
② 結果的に増やしたい行動にはならなかったけれど、増やしたい行動をしようとしたとき
③ 指示に従おうとしているとき
④ 指示にすぐに従っているとき
⑤ 自分から自発的にやり始めたとき
⑥ 他の子どもたちと上手に遊んだり、一緒に譲り合ったりしているとき
⑦ 減らしたい行動ではないことをしているとき

これらをまとめると**「努力」**しているとき

さて、**Step6**の例題に、あなたが書いたほめ言葉をあてはめてみましょう。58ページの例題1で「服を着始めたとき」には、あなたが、前ページで1あるいは1Aと分類したほめことばが使える可能性があります。その中で、どのほめ言葉がよいか、あなたなりに決めてみましょう。決めたら、実際に使ってみましょう。試してみながら、子どもに有効なほめ言葉をみつけましょう。

Dr.横山のアドバイス

ほめ言葉が逆効果にならないように気をつけましょう

これまで、「努力をほめる」「プロセス（過程）をほめる」ことを学んできました。頑張ってほめたのに、子どもを怒らせてしまったことはありませんか？　それはそのとき、ほめることに失敗したせいです。よくある失敗の一つは、**「できて当然のことをほめる」**ことです。

誰でも、できて当たり前のことをほめられると、あまり嬉しくありませんね。例えば、あなた自身が「よく静かにしていましたね。お利口さんです」と言われたら、バカにするな、と怒ることでしょう。それに対し、結果として失敗してしまっても、「頑張ったね」とほめられれば、努力を認めてもらえたことが嬉しいはずです。

他にも、注意して使わないと失敗してしまう二種類のほめ言葉があります。それは**「比較が混じる」**ほめ言葉と**「皮肉だと受け取られる可能性がある」**ほめ言葉です。

「比較が混じるほめ言葉」は、「さすがお姉ちゃん！」「お姉ちゃんは違うね」といったほめ方です。いずれも姉としての行動が本人の本来の希望と異なる場合（無理をして姉として行動している場合）には、あなたに対する不信を招いてしまいます。また、**「皮肉だと受け取られる可能性があるほめ言葉」**の典型は、「やればできるじゃない」といったほめ方です。「やればできるじゃない」＝「いつもはやらないのね」という意味だからです。

以上に挙げた例は、ほめていないか、けなすことになってしまいます。気をつけましょう。

Step 9.

ほめ言葉を使ってみましょう

ここまでくれば、Step6の例題にあてはめる作業が終わっているはずです。

次はぜひ、実際に口に出して使ってみましょう。協力者がいる場合は、聞いてもらいましょう。協力者にもぜひ口に出して使ってもらい、それを聞いてみてください。一人で練習する場合は、自分の演技をビデオで撮影して見てください。

ポイントは、協力者（あるいは自分のビデオ）のほめ言葉の使い方から、上手なところを探してみることです。

同じ言葉であっても、上手な人が使うとひと味違うことがわかるでしょう。

ほめるのが上手な人は、表情が明るく、朗らかで、笑いかけているように見えます。また、相手の目をきちんと見つめながら話しています。口調も明るく、ゆっくりと聞こえやすいように話していることもわかるはずです。言葉も、前ページの「比較」や「皮肉」にならないものを選んで使っていることでしょう。

表情や口調に気を配ることこそ、あなたの「ほめ言葉」が子どもに伝わるコツです。

Step6の例題における言葉がけの例

（例題1）麻由子ちゃんは、お母さんに、服を着替えるように言われました。服を着ようとしたときに、途中であきてしまいました。服を半分着たまま、テレビを見ようとしています。

早いね。素早いね。

似合っているね。かっこいいね。

（例題2）麻由子ちゃんは、学校に行こうとしています。筆入れを机の上に忘れたままです。靴を履きましたが、左右が逆になっています。

時間通りだね。

（渡しながら）惜しい。

（笑いながら）かっこつけよう。

（例題3）麻由子ちゃんは、お姉ちゃんと遊ぼうとしています。美里お姉ちゃんとトランプで遊びはじめましたが、自分が負けそうになると、ルールを破って、じぶんだけが勝つようにズルをしています。ズルをしようとしているのが、バレバレです。美里お姉ちゃんは怒っています。

仲良しだね。

静かでいいね。

賢いね。どうするの？

美里お姉ちゃん、ありがとう。立派だね。

どのほめ言葉も朗らかに、にこやかに、穏やかに使うようにしましょう。

Step 10.

ほめることを作り出してみましょう

ここまでくれば、しめたものです。あなたは、ほめるタイミングも、ほめ言葉も、ほめ方もわかっています。

あなたの記録に、ほめ言葉を書き入れてみましょう。これまでも、増やしたい行動に注目を与え、相手をしてきましたが、これからはもっとうまくやれるはずです。

記録をもとに、協力者や仲間にアドバイスをもらうのもいいでしょう。あなたも仲間にアドバイスしましょう。

一人で頑張っているときにも、大切な味方がいます。それは「時間」です。数週間前のあなたの記録なら、きっと書いた内容のかなりの部分を忘れてしまっていることでしょう。

だからこそ、他人の記録をみる新鮮な気持ちで、客観的に考えられることでしょう。

ほめ言葉に困ったときの裏技をひとつ伝授します。それは、子どもの行動をそのまま話すことです。いやいや片付けをしているなら、にっこり笑いながら、おだやかに「片付けているね」と話します。

この裏技を使うときに大切なのは、表情と口調と視線です。おだやかに、相手を見つめて、笑いかけながら、話しましょう。（ちなみに、本来のほめ言葉は「きれいになっていいね」）。

裏技ですから、使いすぎると効果がなくなります。正道を忘れずにがんばりましょう。

次に、ほめることを作り出すテクニックを紹介します。よく使われるのは、❶大きな仕事を小さな仕事に分けて指示する　❷仕事を作り出して、子どもに手伝いをさせる　方法です。

例えば、「着替えなさい」と言う代わりに、次のように言います。

「パジャマを脱ぎましょう」→「パジャマをかごにいれましょう」→「シャツを着ましょう」→「靴下をはきましょう」・・・(続く)・・・

スムーズにできるようになるまでには時間がかかります。前日のうちに、子どもに服を選ばせておくのもよいでしょう。ほめることを作り出すには、早寝早起きの習慣づけも必要なのです。

また、「自分の部屋を片付けましょう」という代わりに、次のように指示します。

「積木をひとつ手に取って」→「その積木をおもちゃ箱に」→「ミニカーもおもちゃ箱にしまって」→「本を本棚に」→「汚れたタオルを洗濯機に」→「紙くずをゴミ箱に」・・・(続く)・・・

片付け方が下手な子どもは、やり方を学習できていないことが多いようです。保護者も一緒に片付けてみせましょう。

してみせて　いってきかせて　させてみる

江戸時代屈指の名君と言われる出羽国米沢藩の第九代藩主・上杉鷹山の言葉です。どうしても私たちは、「してみせて」が抜けて、口ばかりになり、子どもや周囲に反抗されてしまいがちです。

Step 11.

ほめることを習慣にしましょう

子どもが自発的に行動する習慣をつけるために、ＢＢＣチャート（Better Behavior Chart, よりよい行動のための記録表）という表（１０６ページ参照）を作ってほめてみましょう。

１．日頃からしてほしい行動を選びましょう。子どもが自分ひとりで、うまく実行できる行動を選びます。途中で指示したり教えたりしなければできない行動を選んではいけません。

２．選んだ行動について、１～２週間記録してみましょう。子どもがうまくやれている回数を調べます。

①　一日の中から、家族が忙しくて混乱しやすい時間帯を選びましょう。たいがいの場合、登校（登園）前の時間か、学校（園）から帰って宿題やお手伝いをする時間、あるいは、夕方から寝る前の時間になることでしょう。

②　その時間帯に、子どもが進んで（1週間を通じて4～5回）できる行動を3つ選びます。

③　ときどき（1週間を通じて2～3回）できる行動を2つ選びます。

④　たまにはできる（1週間を通じて1回）行動を1つ選びます。

３．ＢＢＣチャートに行動を書き入れ、イラストを入れたり、色を塗ったりして、楽しいカードにしましょう。楽しく取り組める雰囲気を演出することが大切です。

4．BBCチャートを子どもが見やすい所に貼ります。

5．子どもがその行動をしたときには、すぐに☆や☺を書いたり、シールを貼ったりしましょう。

6．毎日、寝る前に子どもと一緒に印やシールを数えて、ほめましょう。1週間が終わったら点数に応じたごほうびをあげるのもよいでしょう。

注意点 ❶BBCチャートはほめるための道具です。叱るための道具ではありません。うまくいったことに注目し、うまくいかないことは見ないふりをしましょう。

❷BBCチャートをみながら叱ってはいけません。結果が悪かったからといって、罰したり、小言を言ったりしてはいけません。

❸週末にあげるご褒美は、あなたからみて惜しげもなくあげられるものに限ります。例えば、「夕ごはんに好きなおかずを作ってあげる」「一緒に遊ぶ」などです。何かを買い与えたり、お金をあげたりするのは厳禁です。

BBCチャートを使うのは、子どもが自発的に行動することを習慣化するためです。教えなければできない行動を選んではいけません。教えたいときには、あなたがしてみせましょう。

BBCチャートを使うもう一つの目的は、あなたがほめることを習慣化することです。チェックされているのは子どもだけではありません。あなたも一緒にチェックされているのです。

〈BBCチャートの例〉

行動	月	火	水	木	金	土	日
ママが手伝って、18:30までにお風呂に入る							
2回の指示で、ママが手伝ってお風呂から出る							
自分一人で、19:00までにパジャマを着ている							
ママに確認してもらいながら、19:10までに歯を磨く							
19：25まで、ベッドでお話（絵本を読む）							
19：30には、照明を消して眠りにつく							

Dr.横山のアドバイス

ほめることを考え直す

Step7「ほめ言葉を増やしましょう」では、たくさんのほめ言葉を書きました。リストから抜けやすいほめ言葉は、「ありがとう」「どうも」などの感謝を示す言葉と、「すてき」「かっこいい」などの憧れを示す言葉です。より多くのほめ言葉を書こうとしているのに、それらの言葉が抜け落ちてしまう方は大変多いようです。

Step10「ほめることを作り出してみましょう」では、子どもに指示を出して、従おうとする努力をほめています。これについて話すと、「お手伝いをしなくても、いたずらさえしなければいい」と言い出す保護者も多いようです。

このふたつには、共通した問題が隠れています。子どもが良いことをしてくれると信じていない、という問題です。どちらも、子どもがあなたを助けてくれたり、すばらしい働きをしてくれたりすると期待していないことの表れなのです。

人は誰でも、「自分が他人の役に立っている」と感じるときにこそ、自分の価値を認めます。このような感覚を自己有用感といいます。そして、自己有用感があるからこそ、他人のためになることなら、辛いことでも努力しようという気持ち（自己耐用感）が育ちます。

子どもの良いプライドを育ててあげるために、**Step7**と**Step10**を大切にしましょう。

<陽子さんの失敗（？）・BBC編>

よし！ BBCも リビングに 貼った！ まーくんの 行動改善 頑張るぞ!!
BBC
ミッション① 自分一人で7時までに パジャマを着ている
もた もた
よし よくできました！
ここまで 全部できたら ごほうびに まーくんの 大好物のカレーを 作ってあげる！
わ——い！
ミッション② ママに確認 してもらいながら 7時10分までに 歯磨きをする
だらだら
だらだら
さっさと みがきな さーい！
しからない しからない…!! BBCはあくまで 「できたことをほめる」 ためのもの……
ミッション③ 7時25分までベッドで 絵本を読む
ぐわっ
やまんばが その時 大きな口を グワッと あけて…!!
やまんば!
ママのほうが 怖いよ…

ミッション④
7時30分には明かりを消して眠りにつく
ZZZ…
ふう…今日も なんとかやりとげたか… しかしこりゃ 親にも ごほうびがないと やってられないな…
よし! 週末まで クリアしたら 自分にごほうび!
知る人ぞ知る 名店「クラーケン」の たこ焼きを 好きなだけ食べて いいってことに しよう!!
ざっぱ～ん
そして週末――
わ――い! カレーライス 大盛りだ――!!
よく頑張った ね――!!
ど――ん…
よく頑張った! よく頑張ったぞ!! 自分!!
ぱくぱく
どーん…
くら～けん
一か月後――
がーん
BBC
ふ…太った!!
ママ～ 今日 寝坊 しちゃったよ～

Step 12.

減らしたい行動を無視しましょう（行動だけを無視します）

いよいよ、子どもの減らしたい行動への対処を始めましょう。最初に大切なことを一言。

Step 11までの「ほめてしつける」ができていなければ、減らしたい行動はなくなりません。

また、減らしたい行動を無視した後、子どもが相手にされないことを理解するまでの間、その行動が一時的に増えることがあります。そのことを知っておきましょう。

先にも書きましたが、私たちは、減らしたい行動に対してすぐに指導した方が良いと考えがちです。

例えば、買い物に行って、お菓子売り場で子どもが買ってほしいと泣いて大騒ぎをしたとします。あなたが相手をして、「昨日買ってあげたから、今日はダメ」と説得するとします。納得してくれる良い子もいるかもしれませんが、幼い子どもならあなたに反論することでしょう。例えば、「昨日のお菓子は食べちゃったから、もうないよ」「お母さんもいっぱい食べたよね」などと言ってきます。この反抗は、あなたの対応が招いた結果なのです。

正しい対応は「相手をしない」ことです。すると、子どもは次の作戦に出ることでしょう。

仮に子どもが、「おやつがほしい」と静かに話してくれたとします。泣いてだだをこね、大騒ぎをするのに比べると、こちらのほうが増やしたい行動です。だから、このタイミングでほめるのです。ご褒美として小さな駄菓子をひとつ買ってあげてもよいでしょう。このようにすれば、次回からは、静かに話してくれる可能性が高くなります。

減らしたい行動の相手をしないのは、子どもの行動を変えて、ほめるタイミングを待つためです。

減らしたい行動を無視するのは、なかなか大変です。ともすると原則の逆（直接指導）をしてしまい、落ち込むこともあるでしょう。そんな時は、アメリカ・サウスカロライナ医科大学のラッセル・バークレー教授の次の言葉を思い出しましょう。

許しを実行しましょう。

許す相手は、なかなか良い行動をしない子どもだけではありません。うまく対応できないあなた自身も、明日のために許しましょう。

子どもの行動	あなたの行動
お菓子売り場で、お菓子がほしいと大きな声で騒ぐ、泣く。 ↓（次の作戦に出る） （例）泣かずにお菓子がほしいという。	相手をせず、お菓子売り場から出て行く。 ↓ 泣きやんだことをほめ、小さなお菓子を買ってあげる。

結果：大騒ぎをして泣くより、静かに言う方が得すると子どもが学習する。

(Step8　陽子さんの失敗例)

※私なら赤で花丸をつけてあげます。(byサトウ先生)

PART4

テクニックとしての「無視」

最初に一言！
「上手にほめる」ことができなければ・・・
「無視」には効果がありません！
私も最初に一言！
今日は　ドーナツではなくあえて蒸し（無視）パンにしてみました‼
し〜ん…
ダジャレかよ・・・
・・・・・ダジャレだ・・・
・・・さむい
無視だから蒸しパン・・・
ぷんぷん…

ぱくっ
じ〜ん
これも……うまい……
PTにおける「無視」は
「いつもほめてくれる人」からされる「無視」だから効果があるのです！
「ほめてしつける」ができていなければ
減らしたい行動はなくなりません
そうよね〜いつも無視したり叱るだけの人がほめても意外性がないものね！
そう！いつもは怖い不良の彼が　子猫に優しかったら10倍優しく見える…
ギャップが大切なんです
ギラッ
チビ…濡れちまったな…
きゅん
…はあ
少女マンガだ…

その大前提を踏まえたうえで
「無視」のテクニックを学んでいきましょう
さあ宿題にしておいたこの絵の出番です
ゴー
RRR…
ぎゃーん
わ――
似てる――!!うまいですね――!
桃子と洋介はもっと可愛いけどね・・・
「この絵を見て気づいたこと」「お2人ならどう対応するか」が宿題でしたね

…難しいですよね 桃子を無視するのは わかるんですけど…
ダメだって 言われそう だけど
私なら『アニメのＤＶＤ見て いいから掃除機から 降りなさい』って…
ダメです!!
やっぱり!!
その場しのぎのため 悪い行動に ごほうびをあげる ことになるからです
フッ
意外にやって しまいがち なんですよね
だってそのほうが 楽だから
悪い行動に ごほうび…
たしかに…

まず優先順位を考える必要があります
この電話が保育園からの大切な連絡だったと仮定しましょう
その場合 正解の対応は次のようになります
①まず、電話に集中する
ギャー
ギャー
②通話終了後、洋介くんのほうを向き、手を差し伸べる（ケガがあれば手当て）
くるり
③結果、桃子ちゃんを無視することになる
ギャー
ギャー
なるほどー

もちろん この後 桃子ちゃんの 行動が変わった タイミングで 上手にほめる ことを忘れては いけません
自分から 静かにできたね えらいね！
「無視」は あくまで 「手段」です
「目的」では ありません
行動は 無視しても
子どもの「心」と「頑張り」を 無視してはいけないのです
子どもの「心」「頑張り」を 無視しない…

具体的には「3倍ほめる」習慣をつけるといいですね
ほめる
叱る
減らしたい行動への対応の3倍の時間を「増やしたい行動」をほめるために使う
1回叱ったら同じことで3回ほめることを心がけましょう!
メモ
メモ…
1回叱る
↓
3回ほめる
さて…
これからいよいよ…
PTの「奥義」といえるテクニックを伝授しましょう!!
奥義
おおっ!
…ダジャレ返し!!

奥義　その1
無視するときは
他の何かに
集中する!
この絵の場合
洋介くんが泣いて
いなければ
電話や掃除に
集中すれば
いいのです
無視するとき
自分が集中できる
行動をあらかじめ
決めておくと
いいでしょう
行動例
朝ごはんの前に…
ママー
お菓子
食べたーーい!
と言われたとき
無視して朝ごはんの
支度に集中する
おかしー
おかしー
……

続いて
奥義　その2
無視するときは
兄弟をうまく使う
一人が「減らしたい行動」をしているとき
もう一人をほめる
（模範にする）のです
そのときのコツは
「どちらの子も同じことでほめる」こと
行動例
よっくん！
ごはんの時間に
ちゃんと椅子に座れたね！　すごいね！
とほめる
あー
絵本を読んでいた
桃子が気付き
椅子に座ろうと
動き出す
その瞬間を
とらえ…
おっ！桃ちゃんも
自分から座れるん
だね！
えらいぞ！

奥義 その3
協力を引き出す
協力の引き出し方には、いくつかテクニックがありますまず…
①選択させてみる
行動例
ごみを捨てなさい
今 ごみを捨てて おやつを食べる?
それとも後で捨てて おやつも後にする?
…じゃあ今捨てる
えらいぞ!
②予告する
あと5分たったら保育園に行く時間だよ
この場合ご自宅の複数の場所にタイマーを置くとより効果的です
ピッ
子ども自身がタイマーをセットできるようにするとさらにGoodです

③取引をする
お部屋を片付けたらお友達と遊んでいいよ！
うん！
わーい♡
このようにごほうびをあげるということですね
ごほうびはあなたが惜しみなく与えることができ
子どもにとって魅力的なものである必要があります
108ページの陽子さんのように食べ物を使うのは無難な方法ですね
なるほど——！
どれも効きそう！

ふぅ…
…ちょっと暑いな…
マスター！エアコン効きすぎじゃないですか？
さっ
…あれ？
あの…そのアザ…

お…
おっと！
こんな
時間だ!!
ガタ…
次の約束が
あるので…
今日は
ここまで！
あ…あの!!
次回は…
また
メールします！
じゃ！
ぽかーん…
…どうしたの
かな？
さあ…

翌週末――
きゅきゅきゅっ
…桃ちゃん！
これで1か月
全部花まるだったね！
よく頑張ったね！
うん！
ぱちん
いえーい
よし！
じゃあ約束の
ごほうび！
ママと一緒に
手作りクッキーを
作ります！
うわ――い!!

ポン
ポン
型抜きするの最初よりずっと上手になってきたね！
すごいよ！
うん！
…そうだ！亀の形にしてみよう！
せっせっせ
か・か・か・か亀クッキー♪

上手にできたね！
自分で新しいアイディアを出せたのもすごいね！
へへーー
なでなで
あ、桃ちゃんの頭粉で白くなっちゃったよ！
えーー!?
あはは
クッキーおいしいね！
うん♡
わあ！お手伝いありがとう！桃ちゃん！

トコトコ…
あ
……!!
……
……

スッ……
…よっくんに貸してあげる…
優しくしてあげてね…

だだだっ
桃ちゃん!!
ぎゅっ
桃ちゃんは優しいね!
よっくんにうさちゃん貸してあげられたんだね!
すりすり…
ママ…嬉しいよ!!ありがとう!!
…だって

桃ちゃん…
お姉ちゃんだから…
すごいね…桃子
ママーくすぐったいよ——
すりすり…
どんどん成長してるんだね…
ママも　もっと頑張るから…

これからも
一緒に…
成長して
いこうね…
あ――！ダメだよ――よっくん！
あぶ――!!
よっくんこれをつぶしてごらん！
あわがでるよ！
あー
あはは
PTはすごいけど正直…こんな短時間で私のほめ方がそんなにうまくなったとは思えない…
なのに桃ちゃんは今日　いきなり成長してくれた…

子育てって…
パ4／パ4／
きゃっ
きゃっ
小さな奇跡の連続なんだな…
ママ見て―― よっくんが桃ちゃんの背中たたくよ――!!
あはは／
きゃっきゃっ
それにしても…
カフェ・ノダで見た サトウ先生のアザ…

…こんな偶然ってあるのかしら？
……
大きさは違うけどめったにない珍しい形だよね……？
つるっ
！
どぼーーん
ギャーーッ
よっくん!!
本当に子育てって…
トラブルの連続…
わーーん
大丈夫!?よっくん!!
ぎゃはは!!よっくんすべったー

（Step10　陽子さんの失敗例）

!
まーくん！
お部屋を片付けなさい!!
?
どうしてできないの？
片付けなさ――い!!
わーん
!!

（サトウ先生による望ましい指示の出し方）

積み木をひとつ手に取りましょう
は――い
その積み木をおもちゃ箱へ
はい！
本は一冊ずつたてて入れましょう
ごみを捨てましょう！
はいっ
キラ
キラ
きれいになって嬉しいね！
うん！

Step 13.

無視の仕方を覚えましょう

1．周りの人を無視しない。

減らしたい行動の相手はしないのですが、周囲の人のことを考えましょう。左上のイラストは相手をしない例ですが、「しつけのできない親」だと思われます。子どもとの間に入り、お店に謝りましょう。

2．他のことに集中しましょう。

子どもが減らしたい行動をしているときに、あなたがやるべきことに集中するのは、うまいやり方です。記録ノートを見れば、減らしたい行動がいつ、どこで、起きやすいのかがわかります。どんな行動にあなたが集中すれば良いのかをあらかじめ考えておきましょう。

3．兄弟をうまく使いましょう。

ひとりが減らしたい行動をしているときに、良い行動をしているもうひとりをほめましょう。減らしたい行動が変わったら、確実にほめておきましょう。

4．協力を引き出しましょう。

❶ 選択させてみましょう。「服を着なさい」のかわりに、「セーター、それともジャケット、どっちがいい？」と聞きます。子どもは、選択によって自分に決定権があるかのように勘違いします。それを利用します。違う選択肢を言い出すかもしれませんが、そのときは提案を繰り返しましょう。

❷ 予告してみましょう。「あと5分たったら学校に行く時間だよ」、そして5分後に「行く時間だよ」と言います。子どもがしていることを中断させるときには、予告します。ときには、抵抗されるかもしれませんが、いきなり命じるよりは、ずっと協力を引き出しやすいのです。

❸ 取引してみましょう。「部屋のゴミを捨てたら、自転車で遊んでいいよ」「部屋を片付けたら、お友達を呼んでいいよ」のように交換条件で行動させることを取引といいます。これは高度な手法です。取引に失敗すると子どもが行動しなくなるからです。子どもにあげるご褒美は、あなたが惜しげもなく与えられ、かつ、簡単に取り上げられること・物に限ります。取引に使えることと使えないことを前もって考えておきましょう。他の家庭では使えなくても、自分の家では使えるものがみつかると、大変魅力的な取引材料になります。筆者の家庭ではＣＤでした。家族全員がクラシック音楽の趣味を持っていて、みんなで楽しめたからです。

Step 14.

許し難い行動を改善するテクニック

1. 効果的な指示を出す

指示を出すときには、短く端的に話しましょう。「……するのはどう?」とか「……してみない?」のように疑問文を使ってはなりません。

子どもが「どうして?」「なぜ?」と聞き返してくる可能性があるからです。同様に、社会常識として当たり前のことを指示しているときにも、理由を説明してはなりません。効果がなければ、次のテクニックを使いましょう。

2. 同じことを言い続ける

同じ指示を何度も言い続けます。ブロークン・レコード・テクニックといいます。アナログレコードが壊れると、同じ箇所を何度も演奏することから、この名前がつきました。このテクニックを使うときには、同じ言葉を、表情を変えず、同じ口調で、同じスピードで言い続けましょう。困った顔をしながらこのテクニックを使うと、効果がないだけではなく、子どもからバカにされてしまいます。これで効果がないときには、「警告とその結果としての罰」に移ります。

ブロークン・レコード・テクニック

母親：美里ちゃん、寝る時間だよ。
美里：まだ、8時半だよ。
母親：寝る時間だよ。
美里：8時半に寝る子なんてクラスにいない。
母親：寝る時間だよ。
美里：みんなは、9時半までテレビを見ているのに。
母親：寝る時間だよ。
美里：そんなの不公平だぁ。
母親：寝る時間だよ。
美里：なんでそう言い続けるんだよ。
母親：寝る時間だよ。
美里：わかったよ、うるさいったらありゃしない。

3. 警告とその結果としての罰

「～しなさい。しないなら、○○の罰を与えます」と宣言します。結果としての罰は、

- 特典や何らかの物を失うこと
- 子どもにとって意味があり、大切なこと
- 親がコントロールできること
- 心おきなく取り上げることができる

以上の条件を満たすことが必要です。何を罰にするか考えておきましょう。

4. タイムアウト

タイムアウトとは、一定の時間、何もしてはならない罰です。昔なら押し入れに閉じ込める罰です。目の届くところに、じっと座っていさせるのがよいでしょう。5～10分で十分です。タイムアウト中は相手をしてはいけません。終了後も、説教したり、抱いてあげたり等、注目を与えてはいけません。絶対に許せない行動が多く見られる場合には、特定の行動にだけ、この罰を使うようにしましょう。

Step 15.

保育園・幼稚園・学校と家庭で協力して教えたいこと

これまで学んできたように、ペアレントトレーニングでは、保護者を含む支援者が、子どもの行動を評価しつつ、変えていきます。ここに、ひとつ落とし穴があります。子どもの行動の評価が間違っていたら、行動を悪化させてしまう、ということです。ここでは、ペアレントトレーニングを学ぶ上で気をつけたいことをまとめました。

左のページに示した「小学校に入るまでにできてほしいこと」は、子どもがいろいろなことを学ぶ準備だと考えるとわかりやすいでしょう。

医学者（小児科学）・遠城寺宗徳氏の調査によれば、左ページの「お手伝い」や「しつけの3原則」は、1歳4か月で90％以上の子どもで可能になります。したがって、「お母さんが後片付けをしている間、子どもが静かにテレビをみている」は、増やしたい行動ではありません。「お母さんにとって楽ができること」＝「増やしたい行動」ではないのです。

近年の調査によれば、「早寝、早起き、朝ごはん」を守らないだけでも、身体の発達が遅れたり、脳の発達が遅れたりすることがわかってきています。基本的な生活習慣を守る努力をすることが、子どもの行動を改善する鍵なのです。

「小学校に入るまでにできてほしいこと」

小学校の
校長先生たちと
いっしょにつくりました

保護者が手本になりましょう

1. 早寝・早起き・朝ごはん

- 早寝：小学校低学年なら21時前（高学年でも21時半）
- 早起き：起こさなくても6時には起きてくる
- 朝ごはん：「おなかすいた」と起きてくる

※休みの日こそ大切：休みの日に狂うと、週明けの学校で勉強に身がはいりません

2. メディアとのつきあい方

- 2歳までのテレビ・ビデオ視聴は害悪
- 授乳中、食事中のテレビ・ビデオ視聴は禁止　（食事を大切にしない家庭は崩壊まっしぐら）
- すべてのメディアに接触する総時間を制限　ゲームは1日30分まで
- 子ども部屋には、テレビ、ビデオ、パーソナルコンピューターを置かない
- 自然に親しむ・土に触れる遊びを親子で楽しみましょう

3. お手伝い

- 自分から進んで、お手伝いができる
- 自分のことは、自分でやる習慣がついている
- 家族の中で、自分の役割分担がわかる

※お手伝いは1歳半でやり始められる　「言ってもやらないのは危険信号」

4. しつけの3原則

- へんじ
- あいさつ（ありがとう、ごめんなさいも含む）
- くつをそろえてぬぐ（整理整頓の第一歩）

→「言われなくてもできる」まで、教え続けましょう

5. 学習が進むために

- 正しいおはしの持ち方を教えましょう
- 毎日、子どもの勉強をみてあげましょう・・・教育産業は 家庭教育のがいちゅう（害虫・外注）
- 学年×20分　（入学前は1日10分でよい）
- ひらがなの読み：5歳0か月で90% の子どもができる
- ひらがなの書き：6歳0か月で90% 以上の子どもができる

「してみせて　いってきかせて　させてみる」　米沢藩主　上杉鷹山
――― 失敗は成功の母 ―――

「小学校に入るまでにできてほしいこと」は、リストの上から順番に頑張るようにします。「1．早寝・早起き・朝ごはん」と「2．メディアとのつきあい方」の2項目ができないうちは、それ以降の項目はうまく進まないでしょう。

メディアの影響は私たちの想像以上に大きいようです。近年の研究では、メディア中毒の脳機能特性が、覚醒剤中毒やアルコール依存症患者に酷似していることが報告されました。

「3．お手伝い」は、幼児期に教え始めて、小学校中学年までに「自発的にできる」まで教え続けることが大切です。お手伝いが自発的にできることは、段取りがわかって行動できる、ということです。小学四年生になると、国語では「筋道を立てて読み書きすること」が求められます。段取りがわからない子どもが、「筋道を立てて読み書き」できるでしょうか。できるはずがありません。お手伝いは学力に直結しています。

さて、「小学校に入るまでにできてほしいこと」を守りつつ、小学校に入学した後は、社会の一般常識を教えはじめましょう。小学校高学年までに教え込みましょう。中学校以降では二次反抗期が始まるので、同じことを教えるのに数倍の努力を要するからです。

左ページで紹介する拙著「マンガでわかるよのなかのルール」（小学館）は、ソーシャルスキルトレーニングの手法を用いて、社会の一般常識を教えるための本です。マンガを読むところからスタートして、少しずつ社会常識を身に付けていける作りになっています。この本の強みは、家庭でも、学校でも使えることと、毎日学習できることです。どんなことも毎日継続してやらなければ身につきません。使い方はこの本の巻末にまとめてありますので、その指示に従って頑張りましょう。

02

「ありがとう」を伝えよう

きみのために
何《なに》かをしてくれた人《ひと》に
感謝《かんしゃ》を伝《つた》えよう。
すぐに「ありがとう」と言《い》おう。
「ありがとう」は
幸《しあわ》せのあいさつです。

『マンガでわかるよのなかのルール』
本体1429円＋税　小学館

⬆「小学校高学年までに子どもに身につけさせたい常識」を、ひと見開きに１ルールずつ、平易な文章とギャグマンガで解説。笑いながら、学力向上のためにも大切な基本ルールが身に付きます。⬅マンガは原則、良い行動例と悪い行動例を示しています。

➡表紙。四六判並製、１４４ページ。オールカラーで全65ルールを紹介。特別支援教育の現場でもお役に立っており、発売後３年で４万部を突破。

マンガでわかる
よのなかの
ルール

特別講義

子ども集団に対するＰＴの応用

特別講義
Step1.

学級経営を個別指導に優先させましょう

本書で学んだＰＴは、子ども集団に対しても有効です。子どもの行動チェックリスト教師版（ＴＲＦ）の道徳に関連した領域を改善し、教師の主観的な健康感も改善することがわかっています。

子ども集団に対するＰＴの基本ルールは、よい子が相手をしてもらえることです。学級経営を個別指導に優先するといえます。これは、とくに学年始めや学期始めに大切なルールです。

既に学んだように、ＰＴの原則は、増やしたい行動をしている子どもが相手をしてもらえる（ほめてもらえる）ことです。Ａさんが減らしたい行動をしていて、周囲が増やしたい行動をしている場合には、本来、教師・保育士であるあなたが相手をすべきなのは周囲の子どもです。ところが実際には、逆のことが起こりがちです。指導という名目であなたがＡさんに関わり、周囲の子が放置されます。増やしたい行動をしている周囲の子が放置され、Ａさんが相手をされるのです。このような不適切な対応が続くと、Ａさんは邪魔者として子ども集団から排除され、問題行動に走っても、あなたにフォローしてもらえると思い込みます。周囲の子どもは、良いことをしてもほめてもらえないので、あなたに対する信頼を失います。そして、「こっち見て行動」が増えていきます。これは、学級崩壊寸前の状況です。

Aさんのような子どもを集団の中で育むのは、手本となる子どもが周りにいるからです。手本となる子どもたちを育てることが、Aさんのためになるのです。だからこそ学年始めや学期始めには、学級経営に専念しましょう。左のマンガは、個別指導を学級経営に優先してしまった結果を描いています。正しい対応は、キョウスケ君から本を取り上げてトロ子さんに返し、トロ子さんにどこを勉強するのか指示することです。キョウスケ君とトロ子さんの間にあなたが立ちましょう。キョウスケ君がトロ子さん、あるいはあなたに謝るのを待ちましょう。謝ったらニコッと笑いましょう。

↑
この後、キョウスケの減らしたい行動もエスカレート

特別講義
Step2.

相手しやすい子どもから相手をしましょう

「相手をしやすい子どもから相手をする」ことは、前項の「学級経営が個別指導に優先する」ことをよく理解している方にとっては、常識といえるでしょう。

文部科学省の調査によれば、通常学級には、発達障害によって個別的な配慮が必要な子どもが6・5％います。40人の学級なら3人在籍している計算です。現実には、発達障害ではなく不適切な子育て、保育、幼児教育による行動異常を示す子どももいるので、個別的な配慮が必要な子どもは10％以上いることでしょう。そのような場合、対処が簡単な子どもから個別対応するようにしましょう。

前項で述べたように、最初に行うべきは学級経営です。学級びらきであなたの考え方をクラス全体に伝え、最初の1週間でクラスのルールを提示しましょう。この作業をしている間に、どの子がどの程度の問題を抱えているのか、おおよそ見当がつくはずです。

よくある失敗は、一番大変な子どもに手をかけようとすることです。この時期は個別対応に手を出す余裕はないはずです。最初はなんとかなっても、だんだんクラスが荒れていく経験をした教師は多いと思いますが、そのほとんどがこの時期にクラス全体を鍛えなかったことによるものです。

上のイラストでは、右3人の子どもは最初から良い行動をしている子どもです。一番左の子どもは、先生に言われて頑張り始めた子どもです。

「**Step8**　ほめ言葉をあてはめてみましょう」で学んだように、努力をほめるのが大切です。

ですから、最初に全体をほめるために、全体を見回しながら言葉がけをします。

次に、気がついて頑張り始めた一番左の子どもをみつめて、ニコッと笑いましょう。目と目で会話をする、と考えればよいでしょう。

このためには、全ての子どもがどんな行動をしているのか、見取る訓練が必要になります。

Step1　で、ＩＣレコーダーの利用をお勧めしましたが、子ども集団への対応の場合は、動画撮影のほうがより有効です。あなた自身がすべての子どもの行動を認識できているかどうかを確認するために、動画を撮影するのです。

ぜひ、チャレンジしてください。

特別講義
Step3.

ほめる形でチェックしましょう

ＰＴの原則は、良い行動をしている子どもが、あなたにたくさん相手をしてもらえることです。叱ってしつけるのではなくて、ほめてしつけることが大切です。
子どもたちの行動は、ほめる形でチェックしましょう。「Ａさんが悪いことをしました」という反省会をしてはいけません。Ａさん以外の「Ｂさん、Ｃさん……が良いことをしました」という反省会をするのが、ＰＴの原則にかなっています。Ａさんに対して注意したいと感じるかもしれませんが、大切なのはＡさんへの注意より、手本を示すことです。教師が手本を示し、励ましていきましょう。
高学年になると、教師の言動が一致していないと、子どもは陰で反発します。例えば、整理整頓の指導をしていながら、教師の机の整理整頓が悪いと、思春期を迎えた女子から嫌われます。陰口をたたかれたり、陰で反抗されたりします。これは子どもが悪いのではなく、教師の行動が悪いのです。
このことは高等教育でも同じです。私は生徒指導主任の立場におり、学生から教員への悪口を聞くことがありますが、学生は驚くほど教師の行動を観察しています。私自身、反省することが多いと言わざるをえません。

左のマンガを例に取ってみましょう。一コマ目で、周りの真似をしている子どもを「よそ見をしないように」と叱ってしまいがちかもしれません。確かによそ見をしていることは減らしたい行動に見えますが、周りの真似をして授業についていこうとしているのですから、叱ってはいけません。むしろほめるべきポイントです。

言葉でほめるのは、「全員ができているとき」あるいは「全体にさせたいとき」です。個別にほめたいときには、視線を合わせたり、頭をなでたりといった非言語メッセージを使いましょう。

「**Step8** ほめ言葉をあてはめてみましょう」を何度もシミュレーションしておきましょう。

教科書
14ページを開きます
ここだよね
ここを開くのか…
さっと教科書を開けて立派ですね
全員に対するほめ言葉
3番の問題
さっ
さっ
読みます
リンゴが3ふくろあります
読んでいる間も視線は子どもたちへほめるタイミングを探ります

特別講義
Step4.

集団を相手にする場合「許せない行動」は変わります

「Step5　子どもの行動を3つに分類しましょう」では、「絶対に許せない行動とは、放置すると大きなケガをするなど、とりかえしがつかない行動」だと説明しました。
集団を相手にする場合、この原則は、148ページのステップ「学級経営を個別指導に優先させましょう」によって、変わってきます。
どう変わるのか、具体的に考えてみましょう。
例えば、「大声をあげること」は、個別に対応すれば良い状況（例えば休み時間や家庭）では、減らしたい行動に分類されます。
しかしながら、それがずっと続けば、周りの子どもたちに大変な迷惑になり、学習する権利の侵害になります。
絶対に許せない行動とみなす条件を決めて、子どもたちとの約束にしましょう。
大切なのは一定の条件であることです。全ての子どもに公平にすることです。さもないと、子どもたちからの信頼を失ってしまいます。
できたら、その条件を書き記して、掲示しておきましょう。書き言葉による掲示には、何度も繰り返し確認させることができるという特徴があります。このことは、ブロークン・レコード・テクニックの視覚版だといえます。

具体的には、口で言う代わりに、その掲示を指差しましょう。掲示を指差すときには、にこやかな表情で行います。決して、この指示を脅しに使ってはなりません。また、**Step14**「許し難い行動を改善するテクニック」を効果的に使いましょう。

具体的な例を下のイラストに示します。

右側の不適切な例では、具体的な指示が何一つ入っていません。否定文や疑問文での指示は不適切です。指導者の厳しい表情もマイナスです。

左の望ましい例では、指示の適切さに加え、にこやかで穏やかな笑顔が光ります。この笑顔が、学級経営に好影響をもたらします。あなたの優しさがクラスに良い影響を与えるのです。

＜身の回りのことができない子への対応術＞

特別講義
Step5.
集団内での個別指導におけるPTの応用

ＰＴはもともと注意欠陥多動性障害（ＡＤ／ＨＤ）を抱える子どもに対する心理学的な対応として開発されましたが、理論的背景には、応用行動分析があります。

すなわち、増やしたい行動・減らしたい行動・絶対に許せない行動の分類が正しければ、いろいろな状況に応用することが可能です。

近年、学校現場は、発達障害による行動異常より、むしろ不適切な子育てに伴う行動異常によって、より大きな困難に直面しているように感じています。

たとえば、気に入らないことがあると暴力的な行動をとる（友だちに危害を加える）というのは、発達障害に伴う行動異常ではありません。同様に非行も、必ずしも発達障害に伴う行動異常ではありません。このような環境要因による行動異常も、ＰＴによって改善することができます。

このような環境要因に伴う行動異常への対応では、「他人を信用する」ことを学習できているかどうかを評価しましょう。つまり、「他人に好かれるために何をしたら良いかを知っているか」です。心理学の用語でいうと、安定した愛着形成の有無です。

愛着形成上の問題を抱えている子どもに対しては、学校全体・園全体がチームアプローチで関わるようにしましょう。担任はルールを掲示する役割、担任以外のメンバーは愛着形成を育む役割です。担任のルールの提示は学級経営の一貫として行います。一方、担任以外のメンバーは、個別にフォローし、謝らせ、好ましい行動を作るために「してみせる」役割です。

愛着形成上の問題を抱えている子どもは、主として保護者から好ましい関わりを受けていない場合がほとんどです。

保護者が教員や保育士の場合も、同様の注意が必要です。なぜなら、教員や保育士の関わり方は、保護者としての好ましい関わり方と異なるからです。

下のイラストでは、経験不足によって、行動できない場合の例が示されています。

このような場合に大切なのは、子どものプライドをつぶさないように、教え続けることだといってよいでしょう。

<「してみせる」ことの大切さ>

＜机間指導中の望ましい対応例＞

＜思いどおりにならないと暴力をふるう子への対応術＞

ボカ
ボカ
わーん
①即座に行動を止める
ぎゅっ
②にらむ
叩いてはいけません
③謝らせる
ごめんなさい…
立派です!
④その場を離れる
⑤よい行動をしようとしたところをほめる
さっきは悪かったな…消しゴム忘れたのか?貸してやるよ
キョウスケくんって男らしいところがあるんだなあ!

＜前のめりな女＞

PART 5

許しがたい行動をやめさせるテクニック

Cafe Noda
今回は「許しがたい行動をやめさせるテクニック」を学んでいきます
まずは奥義 その1
効果的な指示を出す
…今回は出さないんだ…あの扇…
奥義
…思い出すとここだけ冬に逆もどり…
今回もこの絵を使って考えてみましょう
スッ

桃ちゃんは
このままだとケガを
するかもしれま
せんね
お2人なら
どんな指示を
出しますか？
RRR…
ゴゴ
ぎゃーん
…桃ちゃん
掃除機から
おりてくれる？
ふざけるのを
やめなさ——い!!
ゴゴゴ
ざ…
残念ながら
お2人とも間違って
います！
ブブー
あ…
ちゃっかり
再利用してる
…

指示は必ず
①冷静な態度と落ち着いた口調で
②子どもと目を合わせながら
③できるだけ短く
出します
○○します
○○します
はいっ
③はこの間教わりました（P103参照）
一度にたくさん指示すると　子どもが理解しにくいからですよね！
その通り！
ただそうやって指示を出すとき避けたいことが2つあります
1つは疑問文を使うこと
「もう寝る時間じゃない？」とか「ごはんの時間じゃない？」などです
屁理屈で反論する機会を　子どもに与えてしまうからです
なるほど――
たしかに…
桃ちゃん　もう寝る時間じゃない？
だって 今 絵本　読んでるから～

もうひとつ「～してはいけません」のように否定文を使うのもNGです
具体的に何をしたらよいかが子どもにわからないからです
「○○をやめなさい」ではなく「○○をしましょう」と…
正しい行動を指示するほうが効果的です
なるほど！納得！
でもつい「○○をやめなさい！」って言っちゃうわよね～
続いて奥義その2
ブロークン・レコード・テクニック!!
おおっ！
意味はさっぱりわからないけど言葉の響きはかっこいい!!

別に難しいことではありません 壊れたレコードのように 同じことを言い続けるというテクニックです
…たとえばこんな感じです
桃ちゃん もう寝る時間ですよ
まだ7時じゃない！
もう寝る時間ですよ
7時に寝る子なんて 保育園に一人もいないもん！
もう寝る時間ですよ
だって7時から見たいテレビがあるんだよう！

もう寝る時間ですよ
大人だけ 夜ずっとテレビを見てて ずるいじゃない!!
もう寝る時間ですよ
もうっ
さっきからなんでずっと同じことばっかり言うの!?
もう寝る時間ですよ
…わかったよ寝るよ
ありがとう桃ちゃん！えらいぞ!!おやすみ！
コツは①穏やかな表情と口調で②短く繰り返し③言い方を変えないことです
なんだか面白そうね…
意外と難しいかもよ…？今度試してみよっと！

奥義 その3は
効果的な指示も
ブロークン・レコード・
テクニックも
効果がない場合に
使います
それは
「警告と その結果
としての罰」
たとえば
こんな感じです
桃ちゃん
寝る時間ですよ
いやだ！
まだ遊んでるから！
桃ちゃん
寝る時間
ですよ！
つーん
……
桃ちゃん！
今すぐ寝室へ
行かないと
寝る前に絵本を
読んであげないよ！
ここが
「警告」
ですね
……わかったよ……

この場合の罰には条件があります
その条件とは・・・
①特典や何らかの物を失うこと
②子どもにとって意味があり大切なものを失うこと
③親がコントロール可能であること
④親が心おきなくとりあげることができること
ちなみに大切なものをとりあげるのは短期間、短時間で十分です
たとえば亀ドーナツをあげるのをやめるとしましょう
亀ドーナツなし！
わああ
1週間も禁止してしまうと 次に必要になったときに使える罰がなくなってしまいます
私、怒りにまかせて「一生禁止！」とか言っちゃうタイプ・・・
言いそう言いそう

キィ
あっ！陽子先生――！
エミちゃん
タケシくん！
にこっ
なんだかんだ言っても陽子さんはいい先生ですね…
ええ…そうです…ね

ジジ…
…
体が…透けてる!?
!
あ…あの…
おっと
あたふたあた…
ど…
どうかしましたか?
い…いいえ…
元に戻った…目の錯覚…?
…時空のチューニングがずれてきた…
もう…限界かな…
チチチチチ

私のPT
特別講座は
今日が
最終日です
……
……
最後…
エミちゃん
ここの席よ
はーい
…そうですか
今まで
ありがとう
ございました！
大変
勉強になりました

…でも
なんだか寂しい気もしますね…
ジ…
…え？
…そうですね
……
PTの基本にして究極は　子どもをほめ続けることです
お2人の今後のご健闘をお祈りします
…ほめ続けること…
そして…亀ドーナツが食べられなくなる…これも寂しくて…
ホロリ…
…
…

あの～ サトウ先生は どうして そこまで亀ドーナツが 好きなんですか？
…昔 とても大切な 女性がつくって くれたんです…
とても とても 大切な女性 がね…
…やっぱり 私… この人と どこかで 会ったことが ある…
くやしい… やっぱり女！ 女なのね～！
キイイ…
……

そうだ！
サトウ先生って腕に変わった形のアザがありますよね？　あれって…
ぎくぅっ
あーーっ
桃ちゃんとまーくんが手つなぎデートしてる――!!
ええ――!?
どーん
ええ――!?
おじいちゃんおばあちゃん？
キィ…
ん？
こつぜん…
…逃げた…

も～！
突然 帰らなくても～
ひどいな～
サトウ先生…名刺入れ忘れて…
ポロッ
あっ！
…え？
こ…これって…
うそでしょ…？
ダッ
杏子さん!?
こんなこと…
あるわけない…
でも私はその事実をすんなりと受け入れていた…
ううん…ずっと前からわかってたんだ…

初めて会った時から…感じていた…
この人…どこかで会ったことが…
亀ドーナツが大好きなこと…
そう…
あなたは…
同じ…アザ…
待って…!!
未来の…!

私の息子…
洋介!!
カッ
あっ!
ドサッ
バサ
バサ
嶺雪大学医学部教授
柚月　洋介

…ばれちゃいましたか…

…本当…なの?
忘れないでください…
あなたはそのままでも…
ニコ…
最高のお母さんです!

…ありがとう
…もちろん…
…また…会える?
待っていますよ…
よ…
洋介…!待っ…!!
!

ザァァ
…全部…
消えちゃった
…?
!!
柚月 洋介

こら——!!
よっくん 逃げるな——!!
も——
ちゃんとふかないと風邪ひくでしょ——!!
……
…洋介
あんた将来医者になるの?
ぶ
ぶぶぶー
あはは
とてもそんなに優秀そうには見えないな——
くす
ママのピンチを助けるためにわざわざ未来から来てくれたの?
こら——
聞き捨てならないぞ!

うちの息子は優秀だぞ――!!
ママ――桃ちゃんもふいて――!!
見ろよ! この賢そうな顔! 目の奥の輝きが俺にはわかる!
あー
本当かよ…
たまにはご主人に　子どもたちをお風呂に入れてもらって…
お風呂に入って頭ふろふろ～♪
ふろふろ～♪
…つまらないダジャレセンスはパパ譲りだったか…
さ――っ! 2人ともドライヤー・タイムだよ!

…杏子
最近　子育て
楽しそうだな…
…うん
まあね～
…私ね
気づいたんだ…
他愛のない
日常が奇跡
なんだって…
そんな奇跡が
少しずつ積み
重なって
未来につながって
いく…

そう――
あなたのいる
未来へ…
……
そうだな…
ありがとう…子どもとの一日一時間…
一分一秒がきらきら輝く宝物だって…
あなたが教えてくれたね…
だから待っていて…

私　頑張るから…
あなたとまた出会う
未来まで……!!

あとがき

あとがきにかえて、本書で紹介したＰＴの有用性について、紹介させていただきます。このＰＴは、以下に示す有用性が統計学的に立証されています。

本書で紹介したＰＴは、もともと、注意欠陥多動性障害（ＡＤ／ＨＤ）がある子どもを持つ保護者のための手法でした。このＰＴの効果を、Ｒ．バークレー博士（サウスカロライナ医科大学）が作成した家庭状況調査により判定したところ、ＡＤ／ＨＤがある子どもの行動を改善していました。行動の改善項目や度合いは、バークレー博士による原法と同程度で、受講した母親の主観的健康感（ＳＵＢＩ）も改善していました。

さらに、ＰＴが学校での子ども集団の行動によい影響を与えるかどうかを検討したところ、子どもの行動チェックリスト教師版（ＴＲＦ）で道徳の学習指導要領に関連する項目を全て改善していました。また、参加してくださった教師の方々の主観的健康感（ＳＵＢＩ）も改善されました。このことは、このＰＴがＡＤ／ＨＤの子どものみならず、定型発達の子ども集団にも良い影響を与えることを意味しています。

子どもの行動異常は不適切な子育てによっても引き起こされます。担任や養護教諭を含めたチームアプローチで、このＰＴを用いて対応したところ、そのような子どもの行動異常も消失しました。何例かの事例報告があります。さらに、その子どもが在籍したクラスでQ―U（学級満足度調査）を実施したところ、PTによる介入の結果、学校生活意欲と学級満足度の高い子どもたちの人数が増えることもわかりました。

これらの研究は富澤弥生氏（現・東北福祉大学健康科学部保健看護学科）、佐藤利憲氏（現・仙台青葉学院短期大学看護学科）との共同研究で行われ、科学技術研究費基盤（C）23593282、26463404による支援を受けました。

これらの研究にあたり、発達障害の子どもをもつ保護者による「森杜」親の会宮城の方々、発達障害がある子どもの支援者の勉強会「にゃっき～ず」や山形大学医学部看護学科大学院公開ゼミに参加してくださった保護者、医療関係者（医師、看護師、保健師、心理士等）、教育関係者（保育園、幼稚園、小・中学校、特別支援学校、教育委員会等）、福祉関係者の方々に大変お世話になりました。また、東北大学小児科神経グループや大崎市民病院などの関連病院の方々にも物心両面にわたりお世話になりました。この場を借りて、厚く御礼申し上げます。

最後になりますが、私がPTを研究するきっかけをくださった飯沼一宇先生、PT研究をお薦めくださったR．バークレー先生、上林靖子先生、マンガを描いてくださった明野みる先生、編集にご尽力いただいた白石正明さんに深謝申し上げます。

横山　浩之

<マンガ最終ページの30分後…>

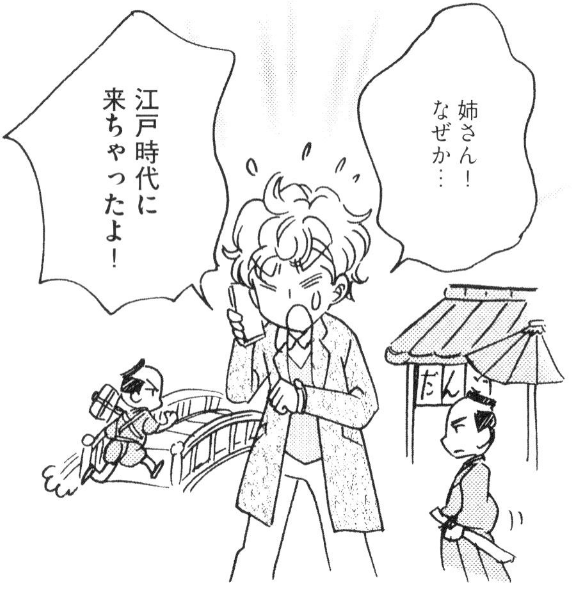
姉さん！なぜか…
江戸時代に来ちゃったよ！
だん

マンガでわかる魔法のほめ方　PT
2014年　7月5日　初版第一刷発行
2024年　6月8日　　　第八刷発行

横山浩之／著
明野みる／マンガ

発行者／北川吉隆
発行所／株式会社　小学館
〒101-8001　東京都千代田区一ツ橋2-3-1
編集／03-3230-5683
販売／03-5281-3555
印刷／三晃印刷株式会社
製本／牧製本印刷株式会社

ISBN978-4-09-840150-5

編集／白石正明　宣伝／阿部慶輔　販売／窪 康男
制作／浦城朋子